Two-way communication

雙向溝通

沒有回饋的資訊，都只是我們的自以為是

岳陽　著

雙向溝通是確保資訊有效傳達的唯一途徑

遲遲做不了決定怎麼辦？試著縮短發問範圍
辛苦描述了半天，居然只有7％的內容能被吸收？
對方「真的」知道你在說什麼嗎？小心踏入資訊盲目區！
冗長繁瑣的純文字描述OUT！圖文並茂讓溝通效率UP！

崧燁文化

目錄

序言

　　我以本書與您相識、結緣，感謝您的閱讀！

　　面對成千上萬種的圖書，尊貴的讀者選擇了這本書，而且花費了寶貴時光來閱讀，我是懷著「他鄉遇故知」的驚喜與無限的感謝心情的。

　　這十幾年來我在世界各地做了數百場關於「溝通藝術」的講座，受到各界人士尤其是企業界朋友的熱烈歡迎。本書便是由我講座的內容加以整理、潤色並系統完善而成。其間，五易其稿，刪了又增，增了又刪，反反覆覆，前後歷經三載，我才明白從講壇上的講稿到圖書又是一個再創作的過程。可謂「書到用時方恨少，事非經過不知難」，其間的艱辛只有自己心知。

　　「享受溝通的樂趣，聆聽智者的聲音，擁抱榜樣的力量，收穫和諧的人生」這是我寫作本書的願望與初衷。本書透過數十個案例闡明了以下觀點。

　　第一，溝通技能是現代人的必備技能。萬丈高樓平地

起，千秋功業溝通出。越善於溝通，越容易達成目標。要成功，先溝通。在通「心橋」之前先架起「語橋」。

第二，尊重，理解並尊重對方的參考系統（對方的標準或者文化習慣）是溝通的兩個基本點；建立同理心、同步法則（同頻法則）、注重聆聽、真誠真心、樂於讚美、站在對方的角度以別人樂於接受的方式與人溝通等都是溝通的基本方法。人際交往中，真心贏得天下友，讚美獲得天下誼，可謂「造物所忌者巧，萬類相感者誠」。

第三，提升溝通能力可以從以下幾個方面著手：圍繞溝通的目標，重視溝通的過程，掌握溝通的基本方法，善用溝通的多種媒介。最高的溝通境界就是忘記技巧──「推心置腹」、「以誠相待」、「以真誠呼喚真誠」。

第四，在組織溝通中，跟上司的溝通（向上建議、請求與規勸、匯報、請示、商量等），跟下屬的溝通（命令、表揚、批評、指示等）和部門間水平溝通（請求別的部門來協助你的工作、其他部門尋求你所在部門的幫助、跨部門的團隊工作關係等），都要求你採取不同的方式方法，靈活對待。衡量溝通成功與否的標準只有一條──凡是能達成目標，創造多贏的方法都是好方法。對上以敬，對

下以慈；對人以和，對事以真。

第五，跨部門的溝通與協同。「為了達成目標，需要在同一組織或者不同組織之間溝通與協同。」本書特別使用一章來討論跨部門溝通與協同的八大方法。這也是本書的一個亮點。

在本書的寫作過程中，我一次又一次試圖將深邃的理念融於日常的生活，將高高在上的原則融入普通的行為，把枯燥晦澀的理論化為親切可愛的故事，將高昂的激情隱於平和的心態，力爭讓自己的表達更加通俗，更加深入淺出、平易近人，在敘述時盡可能用明快、簡潔的短語和大眾化語言，讓讀者朋友閱讀時更能獲得美的享受。我寫作秉持的理念是：將大道理融於現實生活，用人們熟悉的故事與生活為讀者開闢新的視角，點燃讀者的智慧與理性。從這個角度看，我是讀者一個相識多年的朋友和鄰居，外面下了雨，我剛好出門看到了，提醒你將晒在露天的衣服收起來，僅此而已。讀者的智慧一定會豐富和補充本書的內容。

我一直堅信，簡單的道理蘊藏巨大的智慧，樸素的真理背後潛隱著無窮的力量。

序言

　　本書寫作過程斷斷續續，期間不斷閱讀、收集、整理與充實寫作資料。部分案例由於時間跨度較長的原因，其來源無法一一註明；部分案例來源於以下報刊——《管理學家》、《讀者》、《大師輕鬆讀》、《卓越》、《遠見》、《動腦》、《牛津管理評論》、《斯隆管理評論》、《商學院》、《易中》、香港《卓越管理》、《經濟日報》等。在此特別說明，並表達我深深的謝意。

　　本書在出版過程中得到了很多老師與同仁的幫助和指導，感謝本書的責任編輯對本書的寫作、出版所給予的幫助和付出的辛勤勞動。

　　華人管理大師余世維博士，著名經濟學家、暢銷書《闖蕩華爾街》作者溫元凱先生，著名財經評論員劉戈先生為本書做了熱情洋溢的推薦，讓我備受感動。

　　還要感謝歷代的先哲，是他們的智慧穿越歷史的時空讓我們有更多的感悟。書中引用《道德經》與《論語》關於溝通的論述，今天讀起來依然是那樣的親切與溫暖，好像兒女出門時父母的叮嚀——

子曰：「侍於君子有三愆：言未及之而言，謂之躁；言及之而不言，謂之隱；未見顏色而言，謂之瞽。」

——《論語》

（孔子說：「陪君子說話要注意三種毛病：沒到說的時候就說，叫做急躁；到該說的時候不說，叫做隱瞞；不顧對方的表情就說，叫做睜眼瞎。」）

如果讀者朋友閱讀本書後，對於您人際關係的改善、溝通能力的提高，哪怕有一點小小的啟發或感悟，都是我莫大的快樂和欣慰。這樣，我所熬過的很多日日夜夜，都是值得珍藏的時刻與美好的時光。

謹以此書

獻給您

獻給他

獻給大家

託付清風

囑咐大地

深深地感謝

岳陽

第一章　國際視角下的溝通
—— 縱橫捭闔於政治、經濟、文化領域卓越領袖的溝通風采

何謂溝通

　　為什麼有人要風得風、要雨得雨，有人舉步維艱、寸步難行？

　　為什麼有人春風得意、如魚得水，有人步履蹣跚、屢遭挫折？

　　為什麼有人的境遇「忽如一夜春風來」，有人卻「無邊落木蕭蕭下」？

　　為什麼有人當初愛得望穿秋水、情深意長，如今卻怒目相向、冷若冰霜？

　　兩千多年前，洛陽城郊一介平民蘇秦憑什麼掛上了六國相印，掀起歷史的波瀾，掌控天下於股掌之間呢？

　　東漢末年，「躬耕於南陽，苟全性命於亂世」的諸葛孔明，借「隆中」與劉備一席對話，成為了「功蓋三分國，名成八陣圖」的一代蜀相。

　　不論是春秋戰國時期的合縱連橫，東漢末年的「隆中對話」，抑或如今國際舞臺政治、經濟、外交上的折衝樽俎、縱橫捭闔，縱觀歷史，數風流人物，成王敗寇的興衰演替，這一切無不與溝通息息相關。溝通從來沒有像這個時代這樣被關注。人類如果失去溝通，世界將會怎樣？

　　美國前總統羅斯福說：「成功的公式中，最重要的一項是與人相處。」而與人相處就是從溝通開始的。

換句話說，人際關係的動態形式就是人際溝通。

透過溝通，人與人之間才能互相認知、互相信任、互相吸引、互相作用。

溝通是個外來語，譯自英文的「Communication」，由拉丁語「Communis」演變而來，原意是分享和建立共同的看法。

《大英百科全書》認為，溝通就是「用任何方法，彼此交換資訊。溝通即指一個人與另一個人之間用視覺、符號、電話、電報、收音機、電視或其他工具為媒介，所從事之交換消息的方法」。

《韋氏大辭典》認為，溝通就是「文字、文句或消息之交通，思想或意見之交換」。

美國社會學家哈羅德‧拉斯威爾（Harold Lasswell）認為，溝通就是「什麼人說什麼，由什麼路線傳至什麼人，達到什麼結果」。

著名的美國管理學家和社會科學家司馬賀（Herbert Alexander Simon）給溝通下的定義是：「資訊溝通是指一個組織成員向另一個成員傳遞決策前提的過程。」沒有資訊溝通，顯然就不可能有組織，因為沒有資訊溝通，團體就無法影響個人行為。

行為學家認為溝通是資訊傳遞和被了解的過程，包括三個重點：(1) 通常發生在包含兩人或兩人以上的團體之間；(2) 含

有資訊的傳遞；(3) 通常有其理由。

隨著科技的日益進步，人際乃至國際的互動更為頻繁，人與人之間的接觸不但是一種難以避免的現象，而且已經成為生存的必要條件。

透過溝通，我們學到了生存和自我發展的技巧。我們的溝通越有效，我們在人生各個領域獲得成功的機會就會越大。

可以說，我們一生的快樂與痛苦、順暢與曲折、成功與失敗，都與我們的溝通能力有著莫大的關係。

為什麼需要管理溝通

普林斯頓大學對一萬份人事檔案進行分析後發現：「智慧」、「專業技術」和「經驗」只占成功因素的 25%，其餘 75% 取決於良好的人際溝通。

哈佛大學的調查結果顯示：在五百名被解僱的人員中，因人際溝通不良而導致工作不稱職者占 82%。

「未來競爭是管理的競爭，競爭的焦點在於每個社會組織內部成員之間及其與外部組織的有效溝通。」美國著名未來學家約翰‧奈思比（John Naisbitt）一語中的。

「我願意付出比得到任何其他本領更大的代價，來獲取與人相處的本領。」石油大王洛克斐勒強調。

下面來談談溝通的作用。

溝通有助於了解彼此需求，獲得共贏

【案例】你溝通了嗎？柳丁一人一半，為何不公平？

有位媽媽把一顆柳丁給了鄰居的兩個孩子。這兩個孩子便討論如何分這顆柳丁。兩人吵來吵去，最終達成了一致意見，一個孩子負責切柳丁，而另一個孩子負責選柳丁。結果，這兩個孩子按照商定的辦法各自取得了一半柳丁，高高興興地拿回家去了。第一個孩子把半顆柳丁拿到家，把皮剝掉扔進垃圾桶，把果肉放到果汁機中打果汁喝；另一個孩子回到家把果肉挖掉扔進垃圾桶，把柳丁皮留下來磨碎了，混在麵粉裡烤蛋糕吃。

從上面的案例可以看出，雖然兩個孩子看似公平地各自得到了一半柳丁，然而，他們各自得到的東西卻沒有物盡其用。這說明，他們事先並未做好溝通，也就是兩個孩子並沒有講明各自的需求。由於沒有事先講明需求導致了雙方盲目追求形式上和立場上的公平，結果，雙方各自的利益並未在溝通中達到最大化。試想，如果兩個孩子充分交流各自所需，或許會有多個方案和情況出現。一種可能的情況，就是遵循上述情形，兩個孩子想辦法將皮和果肉分開，一個拿到果肉去做柳橙汁，另一個拿皮去烤蛋糕。然而，也可能是另外的情形，如果恰恰有一個孩子既想要皮做蛋糕，又想喝柳橙汁。這時，如何能創造

價值就非常重要了。

結果可能是，想要整顆柳丁的孩子提議可以將其他的問題拿出來一塊談。他說：「如果把整顆柳丁給我，你上次欠我的棒棒糖就不用還了。」其實，他的牙齒被蛀得一塌糊塗，父母上星期就不讓他吃糖了。另一個孩子想了想，很快就答應了。他剛剛從父母那兒要了五塊錢，準備買糖還「債」。這樣一來他可以用這五塊錢去打遊戲，就不用在乎這酸溜溜的橙汁了。兩個孩子不斷溝通，就是創造價值的過程。

溝通有助於增進了解，獲得理解與幫助

【案例】列車上嬉鬧的小孩為什麼能獲得眾多的玩具和零食

有兩個孩子在列車上激烈地嬉鬧著，他們的父親坐在車上卻不管不問，任由孩子們鬧翻天。

有位乘客終於忍無可忍，走到孩子的父親面前憤怒指責：「為什麼你的孩子在公共場所撒野，你卻不管不問？」

這位父親解釋道：「真對不住，我這次帶著兩個孩子回老家處理喪事，他們的母親在半個月前的一次車禍中去世，孩子們這段時間一直都愁容滿面，已經很久沒有展露笑容了。剛才看到他們兄弟倆在車上這麼開心，我一時疏忽就忘記了。我馬上過去提醒他們。」

「原來是這麼一回事，那就讓孩子們多快樂一陣子，不要提

醒。」這個乘客的怒氣頓時消失，轉而很同情這兩個孩子。父子三人的事很快就在車廂裡就傳開了，很多旅客紛紛來看望孩子們，還送來不少玩具和零食。

溝通有助於準確理解對方資訊，避免事故發生

【案例】空難只因説「燃料不足」而沒有説「燃料危急」

　　一九九〇年一月二十五日，由於哥倫比亞〇五二號班機飛行員與紐約甘迺迪機場航空交通管理員之間的溝通障礙，導致了一場空難事故，機上七十三名人員遇難。

　　一月二十五日晚間七點四十分，哥倫比亞〇五二號班機飛行在南紐澤西海岸上空一萬一千兩百七十七點七公尺的高空。機上的油量可以維持近兩個小時的航程，正常情況下飛機降落至紐約甘迺迪機場僅需不到半小時的時間，這一緩衝保護措施可以說十分安全。然而，此後發生了一系列耽擱。首先，晚間八點整，甘迺迪機場管理人員通知〇五二號班機：由於嚴重的交通問題，他們必須在機場上空盤旋待命。八點四十五分，〇五二號班機的副駕駛員向甘迺迪機場報告他們的「燃料快用完了」。管理員收到了這一資訊，但在九點二十四分之前，沒有批准飛機降落。此間，哥倫比亞機組成員再沒有向甘迺迪機場傳遞任何情況十分危急的資訊，但飛機座艙中的機組成員卻相互緊張地通知他們的燃料供給出現了危機。

　　九點二十四分，○五二號班機第一次試降失敗。由於飛行高度低以及能見度太差，因而無法保證安全著陸。當甘迺迪機場指示○五二號班機進行第二次試降時，機組成員再次提到他們的燃料將要用盡，但飛行員卻告訴管理員新分配的飛行跑道可行。九點三十二分，飛機的兩個引擎失靈，一分鐘後，另外兩個也停止了工作，耗盡燃料的飛機於晚間九點三十四分墜毀於長島。

　　當調查人員考察飛機座艙中的磁帶並與當事的管理員交談之後，發現導致這場悲劇的原因竟然是溝通障礙。為什麼一個簡單的資訊既未被清楚傳遞又未被充分接受呢？下面我們針對這一事件做進一步的分析。

　　首先，飛行員一直說他們「燃料不足」，交通管理員告訴調查者這是飛行員們經常使用的一句話。當被延誤時，管理員認為每架飛機都存在燃料問題。但是，如果飛行員發出「燃料危急」的呼聲，管理員有義務優先為其導航，並盡可能迅速地允許其著陸。一位管理員指出，如果飛行員「表明情況十分危急，那麼所有的規則程序都可以不顧，我們會盡可能以最快的速度引導其降落的」。遺憾的是，○五二號班機的飛行員從未說過「情況緊急」，所以甘迺迪機場的管理員一直未能理解飛行員所面對的真正困境。

　　其次，○五二號班機飛行員的語調也並未向管理員傳遞燃

料緊急的嚴重資訊。許多管理員接受過專門訓練，可以在各種情境下捕捉到飛行員聲音中極細微的語調變化。儘管〇五二號班機的機組成員相互之間表現出對燃料問題的極大擔憂，但他們向甘迺迪機場傳達資訊的語調卻是冷靜而職業化的。

最後，飛行員的文化和傳統以及機場的職權也使〇五二號班機的飛行員不願意聲明情況緊急。正式報告緊急情況之後，飛行員需要寫出大量的書面報告。另外，如果飛行員被發現在計算飛行過程需要多少油量方面存在疏忽大意，聯邦飛行管理局就會吊銷其駕駛執照。這些消極增強物（reinforcer）極大阻礙了飛行員發出緊急呼救。

名人的溝通藝術

下面來看看社會各界知名人士與溝通有關的例子，透過介紹這些人和事，來聽聽他們是如何理解「溝通」的。

威爾許的溝通法寶 ──「無邊界」的管理模式

名言錄

管理就是溝通，溝通，再溝通。

奇異前總裁：傑克·威爾許

傑克·威爾許被譽為全球第一執行長，他的自傳被人稱作「管理聖經」！他的領導能力更是被視為最難得的才幹。威爾許

可以隨時對公司三十萬名員工施加影響。他是如何做到的呢？正是透過一種叫「無邊界」的管理模式。其實這種所謂的「無邊界」管理模式就是一種溝通文化 —— 非正式溝通。

透過這種方式，威爾許不失時機地讓人感到他的存在。威爾許比其他人更知曉「意外」這兩個字的價值。每個星期，他都不事先通知地造訪某些工廠和辦公室，臨時安排與下屬經理人員共進午餐，工作人員還會透過傳真機收到威爾許手書的便條紙，上面是他遒勁有力而又乾淨俐落的字體。

所有這些的用意都在於領導、引導或影響一個機構龐大、運行複雜的公司。威爾許最擅長的非正式溝通方式就是寫便條紙，有給直接負責人的，也有給小工讀生的，無一不語氣親切且發自內心，蘊涵了無比強大的影響力。每次威爾許從董事長文件夾中拿起黑色原子筆不一會兒，就有便條紙透過傳真直接傳給雇員。威爾許寫這些便條紙的目的就在於鼓勵、激發和要求行動，表明對員工的關懷，使員工感覺到他與威爾許已經從單純的上下級關係昇華為人與人之間的親密友善關係。

威爾許的經營理念讓人印象最深刻的是：競爭，競爭，再競爭；溝通，溝通，再溝通。可以說，威爾許在奇異的變革都是圍繞著「競爭」與「溝通」的指導思想展開的。

競爭，對威爾許而言，已不只是獲取成功的必由之路，它更是一種每天持續不斷的工作狀態。

　　他堅定地認為，隨心所欲地溝通是企業前進的命脈。什麼能確保我們在競爭中不斷進取？威爾許認為是「順暢地溝通」。企業的成敗最終都要基於企業能否構建一種利於「溝通」的機制。

　　企業界都已認識到「應變」在今天的重要性，而我們在應變上之所以做得不好，很大程度上就是企業缺少溝通甚至有意阻礙溝通所致。沒有順暢的溝通，就談不上機敏的應變。而「溝通」在威爾許眼中又是多面性的，它包括企業內部的上下級之間的溝通和企業各部門之間的溝通，企業與客戶之間的溝通，以及企業與供應商之間的溝通等。

　　一位奇異的經理曾這樣生動地描述威爾許：「他會追得你在滿屋子團團轉，不斷地和你爭論，反對你的想法。而你必須不斷地反擊，直到說服他同意你的思路為止。而這時，你可以確信這件事你一定能成功。」這就是溝通的價值。威爾許自己說：「我們希望人們勇於表達反對的意見，呈現出所有的事實面，並尊重不同的觀點。這是我們化解矛盾的方法。」

　　良好真實的溝通就是讓每個人對事實都有相同的意見，進而能夠為他們的組織制定計畫。良好真實的溝通是一種態度與環境，它是所有過程中最具互動性的，其目的在於創造一致性。溝通就是為了達成共識，而實現溝通的前提就是讓所有人一起面對現實。

【案例】威爾許以神奇溝通贏得卓著業績

　　溝通，關鍵在於選擇一個適合的管道。奇異的執行長傑克‧威爾許的溝通方式值得借鑑。在威爾許帶領奇異走出困境、重塑輝煌的過程中，有效溝通發揮了重要的作用。

　　威爾許將一半的時間用在他稱作「人的問題」上。他在奇異這樣龐大的公司中創造了一種少有的非正式溝通和共享的感覺。他從來沒有發過正式的信件、備忘給任何人，幾乎所有的資訊都是依靠個人便條紙、打電話或面對面直接溝通傳遞的。

　　威爾許每年都要為公司設置年度議程，為奇異新誕生的英雄舉行慶賀活動，還會為來自不同業務部的經理和他們的同行創造交流想法的機會。這些非正式的聊天通常會持續到午夜兩三點鐘，這種會晤威爾許都會親自參加。在會議即將結束時，他會發表一場精心策劃的談話，談話過程會被拍攝下來，翻譯成八種語言，然後傳遞到奇異世界各地的分公司。在那裡，奇異的經理們透過觀看這段錄影，與自己所屬的團隊一起商討奇異來年所要應對的各類問題。

　　其他正式的溝通還有每季度召開的企業執行官理事會，在會議上，奇異公司的三十名高級官員相互交換意見。執行官們把這種會議譽為利益共享、人人有份，因為不管是好的還是壞的資訊，在這裡都是公開共享的。

　　威爾許最重要的溝通形式之一是非正式溝通，他時刻與下

屬保持著高效的溝通狀態。每週威爾許都要對工廠或辦公室進行突擊訪問，和奇異公司各個階層的人員進行交談。他定期和那些比自己低好幾級的經理們共進正式午餐，在用餐空檔，他可以吸收他們的觀點和看法。威爾許平均每年要會見奇異公司的幾千名員工並與之交談。威爾許的溝通技巧幫助他在奇異產生了強而有力的影響。

威爾許透過個人便條紙、打電話以及面對面開會的方式進行溝通，而不是發送正式的信件及備忘給他關心的職工。這種溝通方式使威爾許獲得真實的第一手資料，為其做出正確的決策打下基礎。

在傑克·威爾許擔任執行長的二十年中，他曾數百次出現在教室裡，親自向奇異公司大約一萬八千名經理和行政管理人員授課，與他們溝通奇異的使命、願景和價值觀。讓他感到有點遺憾的是，因為一次討厭的心臟搭橋手術，使他無緣踏進奇異克勞頓管理學院的講堂。

【知識連結】傑克·威爾許和他的「無邊界行為」 —— 一切為了溝通順暢

奇異的傑克·威爾許曾是全世界薪水最高的執行長，被譽為全球第一執行長。從一九八一年入主奇異起，在短短二十年的時間裡，威爾許使奇異的市值達到了四千五百億美元，成長了三十多倍，排名從世界第十位提升到第二位。他所推行的「六

標準差」（six sigma）標準、全球化和電子商務，幾乎重新定義了現代化企業。同時，這位銳意改革的管理奇才還開創了一種獨特的哲學和操作系統，該系統依靠一種扁平、「無邊界」的管理模式，一種對人的熱情關注以及一種非正式的、平等交流的風格，幫助龐大多元的商業帝國擺脫成熟企業的痼疾 ── 金字塔式的官僚體制，走上靈活主動、不拘一格的道路。在取得成功的同時，他本人也成為世界上最令人羨慕的商界領袖、執行長們爭相效仿的偶像人物。

　　「無邊界行為」的概念，被威爾許大力推廣。他堅持認為無論何時何地都會有好的想法的存在，而當務之急是設法把它找出來，並以最快的速度付諸行動。「無邊界行為」的目的就是「拆毀」所有阻礙溝通、阻礙找出好想法的「高牆」。它是以這些理念本身的價值，而非提出這些理念的人所在層級來對其進行評價的。威爾許決心要做的，就是剷除所有阻礙溝通的障礙。他有一個形象比喻：牆壁分開了職務，地板區分了層級，而我要將所有人都聚在一個打通的大房間裡。奇異一直透過群策群力的方法大規模地清除企業的界限，這一做法被稱為「Work-out」計畫。從各企業、各層次來的員工聚在一起，發泄他們的不滿，提出各種建議，清除一個又一個不具有生產效率的工作環節，員工不必擔心因為發表意見而受批評。群策群力的方法開放了奇異的企業文化，使之能夠接受來自每一個人和每一個

地方的創意。

零售大王山姆・沃爾頓眼中的管理藝術

名言錄

如果必須將沃爾瑪的管理體制濃縮成一種思想，那可能就是溝通。

沃爾瑪創始人：山姆・沃爾頓

沃爾頓對溝通的重視程度，可以透過他在一九八〇年代的一個決策，並問一個問題來說明。這個問題讀者可以有自己的見解，但本書會給出一個參考答案，因為筆者想說明沃爾頓在策略方面的遠見，以及配合這個策略最重要的點在哪裡。

【案例】零售帝國沃爾瑪為何出巨資買衛星來溝通

一九八〇年代初，當其他零售商還在鑽「資訊化」這個問題的牛角尖時，沃爾瑪便與休斯公司合作，花費兩千四百萬美元建造了一顆人造衛星，並於一九八三年發射升空並啟用。沃爾瑪先後花費六億多美元建立起了目前的電腦與衛星通訊系統。借助於這套高科技資訊網路，沃爾瑪的各部門溝通、各業務流程都可以迅速而準確暢通地運行。正如沃爾頓所言：「我們從我們的電腦系統中所獲得的力量，成為競爭時的一大優勢。」

小問題：沃爾瑪為何耗費巨資建衛星通訊系統？

參考答案

有一天沃爾頓腦海裡突然出現了一個念頭：我是不是可以把我的小超市開遍全國，甚至開遍全球呢？這個想法可能有點瘋狂，不過我還是可以好好地想想。如果真要把小超市開遍全國，我想我有幾個問題一定要解決。第一，當超市開到一千家，或者哪怕只是一百家時，我要怎麼來管理？我的想法如何透過組織的鏈條傳達給我的員工？第二，如果真的把規模擴大到那種想來有些讓人振奮的地步，我透過什麼來了解我的貨架上還有多少東西？貨品的價格是否需要調整？貨源是否可以供應得上？如何保證各部門溝通、各業務流程都可迅速而準確暢通地運行……哦，可能問題太多了，弄幾臺電腦，做一個網路怎麼樣？我看行，不過可能還不夠，我的局域網也許還得擴大點。弄個衛星如何？……Good idea ！

《山姆‧沃爾頓經營管理的十大信念》就有兩條（信念四與信念七）直接強調溝通。

【知識連結】山姆‧沃爾頓經營管理的十大信念

信念一：敬業。山姆堅信，「如果你熱愛工作，你每天就會盡自己所能力求完美，而不久你周圍的每一個人也會從你這裡感染這種熱情」。

信念二：所有同事都是合夥人，合夥人要分享你的利潤。只有當所有同事都把自己作為合夥人，他們才能創造出超乎想

像的業績。

信念三：激勵你的合夥人。僅僅靠金錢和股權是不夠的，要經常想一些新的、較有趣的辦法來激勵你的合夥人。例如：設置高目標，鼓勵競爭，並隨時進行區分；讓經理們互相調換工作以保持挑戰性；讓每個人都去猜測你下一步的計畫是什麼，但不能被一猜就中。

信念四：坦誠溝通。盡可能地與你的合夥人進行交流，他們知道得越多，理解得就越深，對事物也就越關心。情報就是力量，你把這份力量傳遞給你的同事後所得到的益處，將遠遠超出消息泄露給競爭對手後帶來的風險。

信念五：感激你的同事為公司做的每一件事。支票與股票或許可以收買某種忠誠，但任何東西都無法替代精心措辭、適時而真誠的感激之詞。它們不花一分錢，但卻珍貴無比。

信念六：成功要大肆慶祝，失敗也不必耿耿於懷。不幸失敗，也不妨穿上一身戲裝，唱一首歌曲，其他人也會跟著你一起演唱。要隨時隨地設計出你自己的新噱頭。所有這一切將比你想像的更重要、更有趣，而且它會迷惑對手。

信念七：傾聽公司裡每一位員工的意見，廣開言路。一線員工才是最了解實際情況的，你要盡量了解他們所知道的事情。為了組織下放責權，激發建設性意見，你必須傾聽同事們告訴你的一切。

信念八：要做得比客戶期望的更好。如果你這樣做了，他們將成為你的回頭客。妥善處理你的過失，要誠心道歉，不要找藉口。顧客永遠是對的。

信念九：為顧客節省每一分錢，這可以為你創造新的競爭優勢。如果是高效營運，你即使犯許多不同的錯誤也依然能恢復元氣；但如果運作效率低下，那麼你可能顯赫一時，最終卻會敗北。

信念十：逆流而上，另闢蹊徑，屏棄傳統觀念。如果每個人都在走老路，而你選擇一條不同的路，那你就有絕好的機會。

松下幸之助心中的溝通砝碼

名言錄

企業管理過去是溝通，現在是溝通，未來還是溝通。管理者的真正工作就是溝通。不管到了什麼時候，企業管理都離不開溝通。

Panasonic 創始人：松下幸之助

【案例】松下幸之助何以罵昏員工

松下幸之助被日本同行尊稱為「經營之神」。但是，這位「神」信奉這樣一句話：「挨罵就是進步的原動力。」在這個座右銘下，松下的下屬中不知道有多少人被罵得狗血淋頭，甚至昏倒在地，但這些人中卻沒有人因此而辭職，反而積極地圍繞在

松下的周圍，對他既敬佩又害怕。而這一切，皆歸功於松下對下屬的「罵」是有技巧的。

一次，松下手下的一位廠長做錯了事，把松下給激怒了，他暴跳如雷，破口大罵，邊罵邊用握在手裡的火鉗猛敲火爐，以至於把火鉗都敲彎了。吼叫的聲調與語言的恐嚇交織，致使那位廠長受到驚嚇，昏了過去。後來還是松下用酒將其灌醒，同時溫和地對他說：「這火鉗是為你而敲彎的，你可以回去了，但走之前，必須弄直它。」在廠長走出公司大門後，松下的祕書已遵囑守在門口，等著護送他了。祕書送廠長回家後，又按松下的囑咐，暗地裡告訴廠長夫人注意廠長的舉動，以免他悲傷過度。

第二天一大早，松下就致電廠長：「你是否還在意昨天的事？」稍加撫慰，結果那位廠長既為自己的過錯而內疚，又對松下的惡罵感到害怕，因而只有拚命地工作並少出紕漏以減少自己的窘態。一段時間之後，那位廠長終於成為一個優秀的管理者。松下幸之助「罵得狠，收得妙」的責備技巧恰到好處，令下屬佩服得五體投地，只好以自己的努力工作作為回報。這竟成了松下公司發展的一個原動力。

【案例】松下幸之助半塊牛排贏得一世美名

有一次，松下幸之助在一家餐廳招待客人，一行六人都點了牛排。等六個人都吃完主餐，松下讓助理去請烹調牛排的主

廚過來，他還特別強調：「不要找經理，找主廚。」助理注意到，松下的牛排只吃了一半，心想一會兒的場面可能會很尷尬。主廚來時很緊張，因為他知道請自己的客人來頭很大。「是不是有什麼問題？」主廚緊張地問。「烹調牛排，對你已不成問題，」松下說，「但是我只能吃一半。原因不在於廚藝，牛排真的很好吃，但我已八十歲了，胃口大不如前。」

主廚與其他的五位用餐者困惑得面面相覷，大家過了好一會兒才明白是怎麼回事。「我想當面和你談，是因為我擔心你看到吃了一半的牛排送回廚房，心裡會難過。」

如果讀者是那位主廚，聽到松下先生如此說明，會有什麼感受？是不是覺得備受尊重？當時在場的客人在旁聽見松下如此說，更加佩服松下的人格，並更喜歡與他做生意。

松下曾對一位部門經理說：「我個人要做很多決定，並要批准他人的很多決定。實際上只有四成的決策是我真正認同的，餘下的六成是我有所保留的，或是我覺得過得去的。」

經理覺得很驚訝，假使松下不同意某件事，大可一口否決。

「你不可以對任何事都說不，對於那些你認為算是過得去的計畫，你大可在實施過程中指導他們，使他們重新回到你所預期的軌道。我想一個領導人有時應該接受他不喜歡的事，因為任何人都不喜歡被否定。」

松下的領導風格以罵人出名，但是也以最會栽培人才而出

名，這兩個不同的形象，就是透過真誠與關懷而整合在一起的。

由以上兩個例子可以看出，松下重視溝通，並擅於在工作的過程中不斷溝通，矯正存在的偏差。作為一位跨國公司的總裁，其心境可見一斑。

很多大企業家其實都是溝通的高手，因此他們得以在商場上、政治上縱橫捭闔。

溝通大師戴爾・卡內基論溝通

名言錄

所謂溝通就是同步。每個人都有他獨特的地方，而與人交際則要求他與別人一致。

著名成功學大師：戴爾・卡內基

戴爾・卡內基有一個著名的觀點，即一個人事業的成功，只有 15% 是由於他的專業技術，另外的 85% 是靠人際關係、處世技巧。雖然我至今不知道卡內基是如何透過精準計算得出這種劃分比例的，但卡內基的觀點是顯而易見的 —— 擅於人際溝通比擁有專業技術更容易獲得認同。因此，他的基本哲學思想就是著眼於人的自信心的培養，和人與人之間的溝通、交往、寬容，並汲取行為科學和心理學的新成果，使得人們成為事業成功、家庭幸福、內心快樂的人。卡內基的教育理念風靡一時並經久不衰，實踐證明，卡內基的教育是成功有效的。

【案例】同步法則：勝負只在一件襯衫上

兩位公職候選人同去工廠拉票，他們的表現都很好，但是，其中一位獲得了壓倒性的票數支持。事後選務人員研究發現，失敗者那天穿了一件熨得很平整的白襯衫，勝利者則穿了一件跟工人一樣的藍領襯衫。當你要和對方親近之前，應該先放棄自己的優越感和武裝，表現出與對方「同」的地方，他才能跟你站在同一邊。

卡內基在人際關係方面總結出以下九大溝通法則。

- □　不批評、不責備、不抱怨。
- □　給予真誠的讚賞與感激。
- □　引發他人心中的渴望。
- □　真誠地關心他人。
- □　經常微笑。
- □　姓名對任何人而言，都是最悅耳的稱呼。
- □　聆聽。鼓勵別人多談他自己的事。
- □　談論他人感興趣的話題。
- □　衷心讓他人覺得他很重要。

請寫下您的感悟或者即將付諸實踐的計畫：

_____

_____

_____

第二章　溝通的目的、機理與媒介

溝通從心開始

以真實肝膽待人，事雖未必成功，日後人必見我之肝膽；
以詐偽心腸處事，人即一時受惑，日後人必見我之心腸。

清代金纓《格言聯璧》

功成理定何神速，速在推心置人腹。

白居易〈七德舞〉歌頌唐太宗

南京總統府的會議室裡有國父孫中山先生手書四個大字「推心置腹」。這四個字是孫中山寫給日本的宮崎寅藏先生的，後來不知怎麼掛在了「總統府」會議室，孫中山把對宮崎寅藏的深情厚誼濃縮在這四個字中。

天下至交皆是「推心置腹」。

「推心置腹」是溝通的最高境界，該境界的溝通不需要技巧，有的只是真情與真誠。

溝通從心開始，這個時代很多人不注重對內心的修練與培養，而是花更多的時間在技巧上，這是一種本末倒置的方法。提高溝通能力，既要講究「道」（規律）的修練，同時也要兼顧「術」（技巧）的學習。練功時，只講技巧不講規律會「走火入魔」；反之，只講規律，不善於使用方法技巧也會好看不中用。

【案例】二十美元對一個五歲的孩子意味著什麼

一位父親下班回家已經很晚了，發現五歲的兒子靠在門

旁等他。

「爸爸，我可以問你一個問題嗎？你一小時可以賺多少錢？」

「假如你一定想知道的話，我一小時賺二十美元。」

「爸爸，可以借我十美元嗎？」

父親聽了一開始非常生氣，後來他平靜了下來，開始想自己可能對孩子太凶了……或許孩子真的很想買什麼，再說他平時很少要錢。於是，父親走進兒子的房間，給了孩子十美元。

「爸爸，謝謝你。」

小孩歡笑著從枕頭底下拿出一些被弄皺的鈔票，慢慢地數著。

「為什麼你有錢還要呢？」

「因為之前還不夠，但現在夠了，」孩子回答，「爸爸，我現在有二十美元了，我可以向你買一個小時的時間嗎？明天請早一點回家 —— 我想和你一起吃晚餐。」

讀者認為那位爸爸明天會早點回家嗎？如果答案是肯定的話，那麼我們說：溝通應當從「心」開始！這樣才能達到最好的效果。

溝通的基本前提是真誠。人更多是感性的一面，而非全是理性的，因此，任何成功的溝通，不依賴於雄辯的口才或贈送厚禮，而在於一顆能夠感動別人的真心！

【案例】真誠才能呼喚真誠 —— 日本一老太太因怎樣一個小動作一改不賣地的初衷

　　日本東京有家公司想在銀座蓋一座辦公大樓，好不容易找到一塊適當的空地，卻發現這塊土地屬於一位鄉下老太太所有。

　　於是，公司派副社長帶著厚禮登門拜訪，希望能說服老太太賣地，誰知幾次登門都被老太太拒之門外。「不管你來幾趟、花多少錢，我都不會賣的！」老太太堅決地說。

　　老太太不堪其擾，於是決定親自到東京找這家公司的社長。她想：「我一定要讓社長知道，這地我是不會賣的，好讓他死了這條心。」

　　一個寒冬的早晨，老太太很早就到了這家公司，因為時間太早，老太太正打算離開，結果恰巧碰見公司的一位小姐。

　　「您沒事吧！」小姐看見老太太的大衣被霜雪浸溼，趕緊拿了塊毛巾幫她擦拭，還請她到辦公室坐下，端了杯熱騰騰的茶招呼她。

　　「真有禮貌啊，這位小姐。」老太太笑著，心想：「這家公司的人這麼親切待人，一定是老闆人很好！這麼好的人又有誠意向我買地，何苦再拒絕人家呢！」於是，老太太立刻改變心意，把土地賣給了這家公司。

　　可見，愛比權力、金錢更容易打開心靈之鎖。

溝通的目的

在人們的日常工作、生活中,如打電話、發 E-mail、傳 LINE、開會、演講、拜訪他人以及買菜、打牌、喝酒、喝茶等,都與溝通緊緊相連,溝通時時刻刻都在我們身邊發生著。

而溝通的背後都有其各自的目的。溝通的目的是什麼?拿破崙‧希爾被譽為成功學的祖師,他用整整二十年的時間走訪了五百零四位美國社會各界名流及成功人士,對於這個問題他的回答是:

「希望得到他人的喜歡和欣賞是人們內心深處的渴望。要得到他人的喜愛,首先必須真誠地喜歡這個人,這種喜歡必須發自內心,而非另有所圖。」

這裡所指的「發自內心,而非另有所圖」就是指溝通的目的必須是純正、善意的,而非「別有用心」。溝通的目的大致展現在以下四個方面。

1　說明事物

向對方陳述一些事情,希望引起對方的思考,以使對方的見解受到影響。

2　表達情感

向對方表露自己的感受、態度、看法、觀點以及成見,目的在於使自己的情感能融入對方的心中,使對方產生共鳴。

3　建立關係

一切良好的關係都有賴於真誠的溝通，真誠溝通是建立良好關係最為重要的「祕密武器」。好的溝通重要的不是技巧，而是真誠。好的溝通既豐富了自己也豐富了對方，促使雙方都得到進步，這樣才會建立起更好的關係。

「人生的美好，就是人情的美好；人生的豐富，就是人際關係的豐富；而人生的成功，便是人際關係的成功。」此言很有道理。

4　達成目標

任何一項活動，其結果都是要達成你想達到的目標。前面三項其實都有各自不同的目標。

溝通的機理

確認對方文字背後真正的意圖 —— 好的溝通是雙向的

【案例】「媽媽我從哪裡來？」的另一種意思，你明白嗎

孩子在成長的過程中，對世界充滿無限的好奇，有時會問一些奇怪的問題。有一天四歲的小女兒突然問：「媽媽，我是從哪裡來的？」當即小女孩的媽媽有些緊張，一時不知道如何回答，因為如果說「是從石頭裡蹦出來的」或者「路上撿來的」，那麼可能將引發女兒新一輪的「胡思亂想」，於是，她趕緊回書

房去找有關「如何回答孩子成長中的問題」之類的書，當她正認真查閱尋找答案時，小女兒走進書房說：「隔壁的小穎說他們是從宜蘭搬來的，媽媽，我們是從哪裡來的呢？」

如果媽媽能問問孩子為什麼會突然想問這個問題，或者讓她先說說自己的看法。那麼就會對孩子有更多的理解，回答也就能更加有的放矢。

好的溝通就是精準、明確的表達

【案例】一紙電報「手錶不要退回」引起的訴訟風波

在一九八〇年代發生了這樣一件事情，C市某百貨公司從S市某手錶公司購進一批價值數十萬元的手錶，計劃在春節時上市。但是貨到之後，銷售旺季已經過去了，手錶嚴重囤積，於是百貨公司方面要求退貨給手錶公司，手錶公司就發了一封電報給百貨公司：「手錶不要退回」，意思是說「手錶不能退回」，但百貨公司理解為：「手錶不要，退回！」便將所有的手錶打包退回給手錶公司，手錶公司大為驚詫，於是燃起訴訟的烽煙，雙方打起了官司。最後法院根據郵電部的「電報管理條例」判決手錶公司敗訴。

如果手錶公司電報寫的是「手錶不能退回」，或寫「不能退回」、「勿退回」，就不會出此大錯。看來商務溝通，務必要求精準、明確地表達。

良好的溝通要求溝通雙方對資訊加以核對和回饋

【案例】一撇之差何以損兵十萬

　　沁陽在河南焦作市，泌陽在河南駐馬店市，一北一南相距千里，如圖 2-1 所示。

圖 2-1　沁陽與泌陽的地理位置

　　據說，一九三〇年五月，蔣中正與馮玉祥、閻錫山大戰中原時，馮、閻曾商定會師河南北部的沁陽，以集中兵力聚殲駐守在那兒的蔣軍。可是，馮玉祥手下的作戰參謀在擬訂作戰命令時，卻把「沁陽」寫成了「泌陽」──該地在河南南部，與沁陽相距近千里。一字之差，使馮軍誤入泌陽，失去了聚殲蔣軍的有利戰機，反而使蔣軍得到了戰爭的主動權。在此後近半年的中原大戰中，馮、閻聯軍處處被動挨打，直至慘敗。

這個案例的「釘子」就是把「沁陽」寫成了「泌陽」，一撇之差，謬以千里，看來「魔鬼就在細節中」。何謂「釘子」，請看知識連結。

【知識連結】「釘子」的故事

一九七九年十二月二十九日，愛德華・羅倫茲（Edward Lorenz）在美國華盛頓由美國科學促進會主辦的一次演講中說：「可以預言，一隻蝴蝶在巴西搧動翅膀，可能會在德州引起龍捲風。」

美國應用數學家諾伯特・維納（Norbert Wiener，控制論的創始人）曾用民謠形象又通俗地表達了「蝴蝶效應」的內涵：

釘子缺，蹄鐵卸；

蹄鐵卸，戰馬蹶；

戰馬蹶，騎士絕；

騎士絕，戰事折；

戰事折，國家滅。

由於缺乏釘子，造成了馬蹄鐵的卸落，騎士被敵人追上而犧牲，最後國家滅亡。

良好的溝通就是學會換位思考與移情

【案例】有切身體驗，才能真正換位思考：一個白人的「黑皮膚」體驗

這是一個真實的故事，故事發生在非洲某個國家。那個國家的白人政府實施「種族隔離」政策，不允許黑人進入白人專用的公共場所。白人也不喜歡與黑人來往，認為他們是低賤的種族，避之唯恐不及。

有一天，一個長髮的白人女子在沙灘上晒日光浴，由於疲勞，她睡著了。當她醒來時，太陽已經下山了。此時，她覺得肚子餓，便走進沙灘附近的一家餐廳。

她推門而入，選了張靠窗的椅子坐下。她坐了約十五分鐘，沒有服務員前來招待她。她看著那些招待員都忙著服務比她晚來的顧客，對她則不屑一顧，她頓時怒氣滿腔，想走上前去責問那些招待員。

當她站起身走過去時，經過一面大鏡子。她看著鏡中的自己，眼淚不由奪眶而出。原來，她已經被太陽晒黑了。此時，她才真正體會到黑人被白人歧視的滋味！

《論語》裡有「己所不欲，勿施於人」這樣一句話，意思是：自己不喜歡的事，就不要強加在別人身上。我們在人際關係中，要善解人意，對人秉持平等、尊重和友善的態度。若要

採取什麼方式對待他人，先要設身處地想一想，如果自己是對方，是否願意受到這種對待？如果不願意，那麼我們就不能以此對待別人。

　　關心他人、尊重他人、理解他人，是「己所不欲，勿施於人」的實質所在。如果我們時時處處都能夠從別人的角度思考問題，體驗他人的情感世界，人與人就能融洽、友善地相處。

【案例】一個工科學研究生第一次拜訪未來岳父時的精彩溝通

　　一天快晚上十一點了，筆者接到一通學員的電話，他慌張地說：「岳老師，剛才我答應我女朋友明晚去她家吃飯。她的父親是歷史學博士、歷史教授，我聽說您那裡有許多歷史書，能不能借我幾本應應急？」聽了以後，我問他：「你是想和未來岳父來個歷史知識大比拚，然後證明你的學問比他高？還是擔心他會把你考倒？」

　　「那老師您說該怎麼辦？」

　　「炫耀惡補的知識那是班門弄斧，出題考倒未來的岳父是死路一條，與之辯論歷史知識是自找沒趣。虛心向他請教一些歷史知識或是請他講講他過去的博士論文是如何做的，可能效果會好一點，你說呢？」

　　結果，第二天那位學員虛心地向未來岳父請教自己一些有關歷史知識的困惑，表示對他以前做過的博士論文很感興趣，希望知道一些更詳細的內容。未來岳父侃侃而談、引經據典，

未來女婿是頻頻點頭、嘖嘖稱讚。幾個小時很快就過去了，教授覺得這個未來女婿謙虛好學，滿心歡喜。臨別時，還主動邀請他常來玩。

主動請教就是無聲的讚美，談論對方熟悉和驕傲的話題就是最好的溝通。換位思考成就了這次成功的溝通，很好地突出了晚輩對長輩的尊重、「學生」對「師長」的尊崇，給對方留下了很好的印象。

良好的溝通必須得體

【案例】服務溝通須得體 ── 「我馬上過來把你們滅掉」與「你們剛才哪個要飯？」

有兩個朋友第一次到某家火鍋店吃飯，一不小心，火勢沒控制好，燒得太旺水溢出了鍋，趕緊尋求服務人員幫忙。在另一頭的服務員卻大聲嚷嚷：「好好好，我馬上過來把你們滅掉！」聽罷，兩人心裡大為不悅。過了一會兒，其中一個朋友要求添飯，那個服務員又吆喝起來：「你們剛才哪個要飯？」此時兩人被激怒了，立刻起身走人。

語言不得體，造成了這次不愉快的溝通。日常生活中，不論在什麼場合，都要做個有心人，要注意語言得體。

溝通的媒介

人際溝通按照溝通的媒介可以做如下分類。

☐ 口頭溝通：以語言為媒介的資訊傳遞，如交談、講座、討論、電話等。

☐ 書面溝通：以文字為媒介的資訊傳遞，如報告、信件、備忘錄、布告、文件等。

☐ 非語言溝通：以非語言的聲、光訊號或手勢、語調為媒介的資訊傳遞。

☐ 電子媒介溝通：用電子媒介來傳遞資訊，如傳真、電視、網路、電子郵件等。

四種人際溝通的媒介各有優勢，其優缺點如表 2-1 所示。

表 2-1　四種人際溝通媒介的優缺點比較

溝通媒介	舉例	優點	缺點
口頭溝通	交談、討論、電話、講座	快速傳遞、快速回饋	資訊失真嚴重
書面溝通	報告、信件、文件、期刊	持久、有形、可以核實	效率低、缺乏回饋
非語言溝通	手勢、語調	內涵豐富、意義明確	傳遞距離有限
電子媒溝通	電視、電子郵件	資訊容量大、成本低	單向傳遞

一位美國心理學家在他的著作中介紹了一個驚人的結論：資訊交流的效果＝ 7% 的內容＋ 38% 的語調語速＋ 55% 的肢

體語言。可以解讀如下：

　　□　你在說什麼（7%）

　　□　你是怎麼說的（38%）

　　□　你的肢體語言（55%）

亦可如圖 2-2 所示。

圖 2-2　肢體語言、語調和內容在人際溝通中的影響

文字不如圖片，圖文並茂則更好

【案例】蓮霧你能講得清嗎

　　臺灣有一種水果 —— 蓮霧，它汁多味美，水分含量極高，具有特殊的水果風味，含少量蛋白質、脂肪和礦物質，具有清甜、淡香、水分豐富等特性，不但風味特殊，亦是清涼解渴的聖品。此外，蓮霧具有開胃、爽口及助消化等功能。

　　國外還是有不少沒有見過，也沒吃過蓮霧的人，如果我告訴您，蓮霧是一種紅色、表皮光滑的果實，拳頭大小，有點像去了「雀斑」的草莓，那麼您能否即刻去超市，在眾多水果中把它挑出來呢？

現在換一種方式，給您看一張蓮霧的照片，這時只要超市裡有，大部分的人都能夠找到。

可見，就人的感性認知度來說，圖片的效果比文字好得多，吻合了華人一句話──「百聞不如一見」。

【案例】一幼兒園小朋友為什麼不明白三加三等於幾，卻明白三顆蘋果加三顆蘋果等於六顆蘋果呢

一幼兒園老師問一小朋友：「你知道三加三等於幾嗎？」小朋友伸出小手擺弄手指頭，迷迷糊糊答不上來，因為對於一個剛上幼兒園不久的孩子而言，三加三是一個抽象的概念。老師換了一種問法：「爸爸給你三顆蘋果，媽媽再給你三顆蘋果，現在你一共有幾顆蘋果呢？」小朋友這回馬上就反應過來了，說出了答案。顯然，三顆蘋果對於小朋友是可以感知和觸摸的。

對於不同的溝通對象採取不同的溝通方式，使用不同的媒介，可以使溝通更為有效。

文字不如表格

【案例】兩份報紙的不同編輯形式說明了什麼

一份報紙的內容如下：

張某（原 A 市市長）受賄一百萬元判五年，李某（原 A 市副市長）受賄一百二十五萬元判七年，王某（原 A 市地政局局

長）受賄八十萬元判四年六個月，葉某（原 A 市地政局副局長）挪用公款一千五百萬元判五年，鄭某（原 A 市財政局局長）受賄一百二十五萬元判八年，陳某（原 A 市財政局副局長）巨額資產（一千七百五十萬元）來源不明判十五年。

　　另一份報紙上的內容呈現方式就高明得多，它採用了表格形式，如表 2-2 所示。

表 2-2　另一份報紙的編輯形式

姓名	職務	罪名	金額（萬元）	判處有期徒刑（年）
張某	原A市市長	收受賄賂罪	100	5
李某	原A市副市長	收受賄賂罪	125	7
王某	原A市地政局局長	收受賄賂罪	80	4.6
葉某	原A市地政局副局長	公務侵占罪	1,500	5
鄭某	原A市財政局局長	收受賄賂罪	125	8
陳某	原A市財政局副局長	財產來源不明罪	1,750	15

　　表格能讓人一目了然，過多的資料融合在一段文字中無法突出重點。編輯要站在讀者的角度，妥善地選擇溝通的媒介，這樣才能與讀者更好地溝通。

　　就圖片、表格、文字來看，通常圖片、表格會比較有效，當然三者有系統地結合、圖文並茂效果會更好。

　　對有效溝通的媒介總結，如圖 2-3 所示。

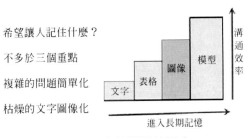

圖 2-3　有效溝通的媒介

邁向讀圖時代的溝通世界

　　從照相技術到攝影再到電影、電視的出現，發生在二十世紀的這些偉大發明帶動了視覺文化的發展。隨之而來的是視覺文化延伸到閱讀中，圖片與文字相得益彰的閱讀新體驗很快為讀者所接受，既而迎來了所謂的「讀圖時代」。

　　十幾年前，說到「圖像」兩個字，好像離人們比較遠，在大家頭腦考慮問題的範圍之外，處理圖像應該是攝影師們的事情。自從電腦有了處理圖像的功能以後，情況似乎有了很大的改變。各種圖像處理軟體紛紛出現，為個人獨立學習圖像處理提供了良好的支持。特別是投影機、數位相機、數位攝影機等數位化產品在公司和家庭中的使用，電視和網路的普及化，廣告行業異軍突起，圖像的功用似乎無處不在，導致現代人已經有離不開圖像的錯覺。英國藝術評論家約翰·伯傑（John Berger）在其《觀看之道》（Ways of Seeing）中寫道：過去

是人們接近形象，例如到美術館裡欣賞各種繪畫作品，現在則是形象逼近我們，我們越來越生活在一個被形象所包圍的世界裡。最近幾年，情況發生了更大的變化，人們已不再滿足對圖像的處理和製作技巧，目光轉向圖像外在表現形式下的深層含義，實現了理念上的跨越，這就是視覺文化學說的興起。

　　請寫下您的感悟或者即將付諸實踐的計畫：

_____

_____

_____

_____

第三章　溝通的基礎、行為和方式

　　子曰：「可與言而不與之言，失人；不可與言而與之言，失言。知者不失人，亦不失言。」

《論語》

溝通的兩個基本點

尊重 —— 了解並尊重他人的參考系統
（文化或風俗習慣）

溝通有兩個基本點：一個是尊重；另一個是信任。著名成功學大師卡內基說過：「所謂溝通就是同步。每個人都有他獨特的地方，而與人交際則要求他與別人一致。」所以說，溝通是一種能力，而不是一種本能。本能天生就會，能力卻需要透過學習才可以具備。對於溝通能力而言，首先要做的就是尊重他人，是了解並尊重他人的參考系統。對於尊重，可以總結為以下七句話。

- 尊重上級是職責
- 尊重同級是禮貌
- 尊重下屬是美德
- 尊重對手是襟懷
- 尊重自己是自尊
- 尊重客戶是誠實
- 尊重所有的人是素養

他人的參考系統，就是他人所處的環境或文化。文化其實展現在一個人如何對待他人、對待自己、對待自己所處的自然環境；文化就是代代累積沉澱的習慣和信念，融合在生活的實

踐中。只有了解和理解，才能建立與他人相互對應的文化習慣。

　　這個廣袤多元的世界，可謂十里不同風、百里不同俗、千里不同情，故而應「入鄉隨俗、出國問禁」。

【案例】臺灣老闆給古巴客戶上的菜，為什麼讓古巴客戶越吃越辛苦

　　有一次，古巴客戶來臺灣談判順道觀光，當時作為東道主的臺灣老闆對古巴的風俗習慣了解不夠。第一天招待客人，臺灣老闆給古巴客戶上了十道菜，結果客戶全部吃光，老闆以為菜不夠，於是指示再加兩道，結果又吃光了，直到加到十六道，還是吃光了。等客戶離開時，老闆就為招待不周而道歉，但客戶代表說這次行程什麼都好，就是菜準備太多了，他們全部吃完有些辛苦。經過仔細了解才知道，在古巴人的習俗中，把飯菜全部吃完才代表對主人盛情款待的感謝。

【知識連結】多元的習俗

　　在柬埔寨，如果你吃光盤子內所有的食物，這說明主人沒有招待好你，表示你沒有吃飽還想要。

　　匈牙利人敬酒的時候不會碰杯，因為奧地利人曾經在殺害十三個匈牙利烈士後用碰杯表示慶祝。之後的一百五十年，沒有任何一個匈牙利人在敬酒的時候碰杯。現在雖然過去很長時間了，但是這個傳統還一直保留著。

　　在埃及有一個特別的飲食習慣，假如你在埃及旅行的時候，你感覺菜的味道過於清淡，請記住不要在你的碗裡加鹽，因為這被視為對廚師的侮辱。

　　在日本，不管任何原因，都不能把筷子插入飯碗裡離開，因為這是不祥的徵兆。飯碗裡直立的筷子會讓日本人想起墓碑。而且，如果你用筷子去接別人夾給你的菜，也是一種不禮貌的行為，應該使用分享盤。在臺灣和很多其他的國家，用筷子指別人也是不禮貌的行為。

【案例】國際人道救助組織為什麼有三個標誌

　　如圖 3-1 所示，為什麼國際人道救助組織會有三個標誌？先有「紅十字」，再有「紅新月」、「紅水晶」標誌。

紅十字　　　　紅新月　　　　紅水晶

圖 3-1　國際人道救助組織標誌

【知識連結】紅十字、紅新月、紅水晶來源的背景

　　「紅十字」標誌誕生於西元一八六三年。當時，瑞士人道主義工作者發起救助戰爭受害者的運動，並將顏色互換後的瑞士國旗圖案作為該機構的標誌。這種做法並無任何宗教含義，但在一些中東國家卻容易引起「十字軍」的聯想，因此被拒

之門外。

為了變通，鄂圖曼帝國於一八七六年採用了「紅新月」標誌保護戰地醫療人員。這個標誌最終於一九二九年被紅十字國際委員會正式採納，從而解決了紅十字會在眾多阿拉伯國家的標誌爭端。

以色列自一九四八年建國以來，一直徘徊在這個國際機構之外。因為以色列曾於一九四九年提出增設猶太教六芒星作為紅十字會的標誌之一，但因遭到紅十字會其他成員反對而不了了之。二〇〇五年，日內瓦公約締約國正式發起國際紅十字運動，新增一個「紅水晶」標誌，以解決以色列入會的問題。

作者點評

任何一種文明都有禁忌，任何一個民族都有習俗。學會尊重別人的習俗與禁忌，是溝通中的「尊重與理解他人的參考系統」。走向國際化的今天，了解別人的參考系統就是對別人文化的尊重，才能更好地與其交往與溝通。

【知識連結】哈佛大學新增「各國社會」、「文化與信仰」等八門學科

一九七〇年代，哈佛大學確定了其核心課程，此後的課程設置一直沒有重大變化。

為克服狹隘觀念、適應時代需求，哈佛大學在二〇〇七年二月宣布，將進行三十年來首次大規模的課程改革，改革重點

是理科以及宗教和文化等方面的課程。

這項課程改革籌劃了三年，六名教授和兩名學生為此起草了長達三十四頁的課程調整報告。儘管報告需經文理學院投票透過後才能實施，但哈佛大學負責人對報告通過很有信心。

報告建議，新增「各國社會」、「文化與信仰」等八門課程。「各國社會」旨在讓學生了解與自身不同的價值觀、風俗和制度，幫助他們克服美國的狹隘觀念；「文化與信仰」則以社會、政治、經濟和跨文化環境為背景，向學生介紹具有較大影響力的思想、藝術和宗教。此外，為順應教育發展趨勢，學校還為學生增加了專業以外的課程。

此前，哈佛大學曾因課程過於重學術、輕現實並且反對有組織的宗教團體而受到批評。儘管早些時候有人提議把宗教作為一門獨特的學科來研究，但最終沒有被校方採納。此次報告則申明，應在教學中涉及宗教，但只能將其作為文化影響的一個方面。

信任贏得溝通

小劉是某食品公司的銷售經理，他在和張老闆溝通工作時，每逢談到對手增多、食品單一、味道偏淡等實際問題，張老闆一句也聽不進去。張老闆只關心業績，業績完成得好，張老闆就高興；業績不佳，張老闆就吹鬍子瞪眼。對於張老闆的

做事方式，小劉感到無奈，但他懂得適者生存的道理，同時也漸漸明白了老闆之所以連聽都懶得聽，是因為自己剛進入這個職場，老闆還不信任他。

小劉在自我反思和專家的建議下總結了一條經驗：信任可以突破溝通阻礙。為了取得張老闆的信任，小劉決定改變自己：不再屢次遲到，而是早去晚歸；放下架子，親自走訪市場，同時「兵分六路」：

□ 把競爭對手的產品種類自掏腰包買下並交給張老闆親自品嘗。

□ 把競爭對手的產品價格及價格變化以郵件形式發給張老闆。

□ 把競爭對手的促銷時間、促銷方式、促銷效果製成表格發給張老闆。

□ 把我方產品和競爭對手的產品做比較，並找出雙方產品的優劣所在。

□ 在適當時機給張老闆一套全面、實用的銷售方案。

□ 在公司會議上，小劉也改變了以往張口就誇競爭對手的習慣，開始先匯報銷售情況較好的幾類產品和地區，隨後找出銷售業績最差的地區，在痛心疾首地檢討自己的工作做得不夠完善後，再分析客觀情況。

一個月後，隨著「六路兵團」的逐步逼近，小劉驚喜地發

現，老闆看到業績不好後不再暴跳如雷，而開始聆聽並主動詢問下屬的報告和分析，並在幾次決策上採用小劉等幾個下屬的建議。公司取得了突破性的銷售業績，小劉的業績自然是水漲船高。

作者點評

信任與尊重是溝通順利的原點與基礎。「移情」的道理告訴我們，凡事站在對方的角度思考問題，很多事情便會迎刃而解、柳暗花明。沒有信任就沒有溝通。

提升溝通能力的基本要求

培養溝通意識

在日常生活中，人們不免要與各式各樣的人接觸，在這個過程中，頭腦中有無溝通意識，其結果是大相逕庭的。設想一下，一位女士，有意識地注意了衣著，著裝相當得體，顏色搭配跟她的膚色、季節、當前流行的款式都十分協調，她給人的印象就會很好。儘管她沒有和別人進行過交流，但是好的印象在第一眼就形成了，這就是資訊在無形中傳遞的結果。

【知識連結】初始效應 —— 決定性的七秒鐘

很多人都曾有過這樣的體會：如果某個社區發生了凶殺案，人們往往會對那個社區心有餘悸、退避三舍。即使那個社區在

之後嚴格加強了治安管理，此後數年都平安無事，人們仍然會覺得那是個危險的地方，不可輕易接近。

這種心理在人與人之間的交往中也是普遍存在的。如果人們對某個人的第一印象很不好，那麼即使那個人事後的表現再好，人們對他的評價也不會怎麼好。

交往藝術的基本理論能夠解釋這種奇妙的心理現象，這就是初始效應理論。初始效應所探討的主要是一個人或一個企業留給他人的客觀印象是如何形成的。換言之，它是一種有關個人形象、企業形象的成因及其塑造的理論。有鑑於此，在學習交往藝術時應當對此予以高度重視。

從總體上講，初始效應理論的核心在於：人們在日常生活中初次接觸某人、某物、某事時所產生的即刻印象，通常會在對該人、該物、該事的認知方面發揮明顯的甚至是舉足輕重的作用。對於人際交往而言，這種認知往往直接制約著交往雙方的關係。

在人際交往中，人們對於交往對象所產生的印象，特別是在雙方初次交往時對交往對象所產生的第一印象，大都至關重要。第一印象的好壞，不僅決定著人們對交往對象的評價，而且直接決定著交往能否順利進行。

簡言之，第一印象往往決定交往的效果。因此，許多人把初始效應稱為第一印象效應，把初始效應理論稱為第一印

象理論。

　　因此，要想在交往中給他人留下良好的第一印象，就應當對那些發揮關鍵作用的制約因素有充分的了解，並相應地採取一切可能、有效的措施，促使那些制約因素發揮正向作用。對於個人而言，直接影響到外界對其第一印象的制約因素主要有以下方面：

- □　儀容
- □　儀態
- □　服飾
- □　語言
- □　應酬

　　心理學實驗證明：人們在人際交往中，大都少不了會對對方產生第一印象。而這種瞬間形成的第一印象，通常只需要大約三十秒時間。對於不少人而言，他們對交往對象形成第一印象甚至只需要七秒鐘時間。因此，在溝通過程前七秒鐘要努力給對方留下良好的第一印象。

　　請回想一下，在溝通過程的前七秒鐘內，能夠感受到對方什麼呢？對方的表情、眼神、衣著，對方的一兩句簡單的問候語和簡單的動作，這些形成了第一印象。在溝通過程中，人們的表情、眼神是形成對方良好印象、產生信任和合作態度的一個非常重要的因素。這就需要在溝通之前做一個必要的準備，

以便給對方留下一個很好的第一印象。（您留給人的第一印象如何？可參考附錄 B 中的「自檢你留給人的第一印象如何」）

明確溝通目的

第二章已敘述了溝通的四大目的，即說明事物、表達情感、建立關係、達成目標。其核心是達成目標，所以明確目標是什麼最為重要。在生活中，尤其在職場上，往往需要在有限的時間裡，透過與另一方進行接觸、交流來對對方產生影響，從而使對方接收到自己所要傳達的資訊。因為時間有限、資訊特定，所以就要求溝通方有明確的「目的意識」。目標管理的原理同樣適用於溝通，溝通是為達成目標服務的。

洞悉溝通要點

溝通的要點主要有以下五方面：

□ 同理心原理 —— 換位思考。

□ 同步（同頻）原理 —— 與他人保持「同」的一面。

□ 尊重 —— 了解並尊重他人的參考系統。

□ 人際交往的黃金法則 —— 你希望別人以什麼方式對待你，你就以什麼方式對待別人。

□ 聆聽比會說更能打開人的心扉。

重視溝通過程

　　管理學理論中已經提出，溝通應當是一種閉環的行為，也可以認為它是一項系統工程，那麼就有必要對其中的每一環節進行自我控制。因此，溝通需要「過程意識」，這樣才會善始善終。完整的溝通過程包括資訊發送、資訊接收和資訊回饋。

【案例】助理劉小姐為什麼勞而無功

　　有一次，我去上海出差，臨行前交代助理劉小姐一個任務，把「企業文化建設與落地大綱」輸入電腦之後，傳到網路上，供學員預先了解課程的大致方向。因為時間比較緊，一交代完就直接去了上海。我原以為她應該可以在半個小時內做完此事，誰知道三天之後我從上海回來，助理卻說還有七十八頁沒有輸入。可憐的劉助理，花了一週的時間，辛苦地工作，卻不知道我其實只要她上傳企業文化這個課程的大綱，她卻把所有的課程資料輸入電腦中。結果一週過去了，還差七十八頁。

　　為什麼會出現這個情況呢？原來良好的溝通要求人們不但要重視資訊發送和資訊接收，還要重視資訊的回饋。回饋這個環節發生在溝通進行的過程中，不僅一開始就應進行回饋確認任務，更應該在溝通過程中不斷回饋，防止出現偏差，以免「失之毫釐，謬以千里」。

　　防止溝通中出現差錯最有效的方法，就是透過對資訊的重

複來加以確認。

為何溝而不通

在日常的生活和工作中，一方面是缺少溝通，另一方面卻又常常「溝而不通」。下面分析一下「溝而不通」的原因有哪些。

我對你錯、自以為是的心智模式

人們都習慣於堅持自己的想法，而不願接受別人的觀點，都覺得自己是對的，別人是錯的。這種自以為是的傾向構成了溝通過程中最主要的障礙。

沒有回饋 —— 資訊無法雙向流動

溝通的參與者必須回饋資訊，才能使對方明白你是否理解他的意思。回饋包含了這樣的資訊：有沒有傾聽，有沒有聽懂，有沒有全懂，有沒有準確理解。如果沒有回饋，對方可能以為他已經向你表達了意思，而你則以為你所理解的就是他所要表達的，很容易造成誤解。為了消除誤解，溝通雙方必須有回饋。沒有回饋的資訊是單向流動的。回饋就是資訊的雙向流動。

資訊不精準

雙方看似都掌握了完整充分的資訊，其實資訊是不精準的。下面這個案例最能說明資訊不精準帶來的麻煩與困惑。

【案例】九號車廂裡沒有人 —— 溝通務必基於精準

　　基輔一列火車掛了兩節九號臥鋪車廂。但所有旅客都是正常人，他們都會從一數到九。所有買了九號車廂票的旅客都認為九號車廂就是八號車廂之後的那節車廂，而不是十號車廂之前的，所以大家全都坐到了第一個九號車廂。第二個九號車廂的女列車員非常驚訝，她的車廂裡空無一人。火車開動後她跑到列車長那兒說：「我的車廂裡沒有人。」

　　列車長也很驚訝，說：「可能賣票時弄錯了。」於是發電報給下一站，要求賣九號車廂的票。所有在下一站買了九號車廂票的乘客也都是正常人，都會從一數到九，所以又全都跑到了第一個九號車廂。第一個九號車廂的列車員非常吃驚地說：「從哪兒冒出來這麼多人？我這節車廂一個空位都沒有了。你們快去找列車長，他在一號車廂。你們跑快點，火車只停三分鐘，讓他替你們在前面的幾節車廂安排座位。」

　　因為火車的確只停三分鐘，怕趕不上車的乘客無論是大人還是小孩，全都爭先恐後地向一號車廂狂奔。驚訝無比的列車長接待了他們，問道：「從哪兒冒出這麼多人？」大家都說：「我們是九號車廂的。」列車長知道，他一定有什麼地方沒弄明白，可到底是哪兒沒明白，他也不清楚。因為火車只停三分鐘，他飛快地把這些乘客安排在前幾節車廂的空座位上，然後命令開車。

此時，第二個九號車廂仍像先前一樣，空無一人。女列車員找到列車長說：「我那節車廂沒有乘客……」列車長幾乎要瘋掉，他不相信這是真的，親自去查看，果然空無一人。他開始數車廂，想弄明白到底是哪兒出了錯，然後心情愉快地回到自己的包廂準備改正錯誤：發電報給下一站，請求摘下九號車廂。

當時已是半夜，負責摘車廂的人也是正常人，也會從一數到九。所以他們將裝滿熟睡旅客的第一個九號車廂摘了下來，運到備用線上，然後報告列車長。列車長這回終於輕鬆地舒了口長氣，下令開車。他也準備睡上一覺，幾乎已經睡著了，正在這時，第二個九號車廂的女列車員跑來說：「我的車廂裡沒有一個人……」

我不知道這次行車後列車長是不是瘋了，只是這個講這故事給我聽的人當時就坐在第一個九號車廂裡。半夜他起來抽菸，抽著抽著就開始懷疑：為什麼我們停了這麼長時間？接著又開始抽第二支菸，抽著抽著抽著……終於忍不住了，看窗外，往前往後都看不見車廂，只有草地、月亮和備用線……他講這個故事時我笑了很長時間。特別是當他講到他怎樣叫醒了所有的人，大家來不及穿上衣服就跳下床來，試圖弄清楚他們現在是在哪兒。他甚至對我的笑很惱火：「你笑什麼？這沒什麼好笑的。我們本來是要坐車去匈牙利旅遊的……」

心存偏見或者互有成見

溝通的一方對另一方存在偏見，或溝通雙方相互有成見，會影響溝通的順暢程度。偏見比謬誤離真理更遠。

用嘴多、用耳少 —— 不善於傾聽或者不願意傾聽

溝通的一個重要環節是傾聽，溝通不可能是一個人的事情，當有一方在表達時，另一方必須專注傾聽才能達到溝通的效果。而人一般都習慣於表達自己的觀點，很少用心聆聽別人的想法。在溝通中，耳朵比嘴巴更能打開一個人的心扉。

地位不平等與資訊不對稱

這類障礙是由身分、地位不平等造成的。溝通雙方身分平等，則溝通障礙最小，因為雙方的心態都很自然。例如，與上司交流時，下屬往往會產生一種敬畏感，這就是一種心理障礙。另外，上司和下屬所掌握的資訊是不對等的，這也使雙方發生溝通障礙。

有時候會出現這種情況，即自己希望表達的資訊沒有被理解，或者說被人曲解了，甚至於根本就沒有完整地表達出來。

導致「溝而不通」現象的因素有很多，除了前面提到的六個重要原因外，還與溝通的時機、對對方的認可度、個人情緒、表達方式等有關。有時，「溝而不通」的原因是多種的，來看看

以下案例。

【案例】濃霧中的燈塔

下面是一份真實的海上無線電通訊的副本，記錄了在加拿大紐芬蘭島附近海域，一艘美國軍艦和加拿大人的對話。

美方：為了避免相撞，請將你們的航向向北調整十五度。完畢。

加方：為了避免相撞，我們要求你們將航向向南調整十五度。完畢。

美方：這是一艘美國戰艦的艦長在和你們通話，我再說一遍，請你們調整航向！

加方：重複，請你們調整航向。完畢。

美方：這裡是航空母艦「林肯」號，美國大西洋艦隊的第二大艦隻。另有三艘巡洋艦、三艘驅逐艦和若干支援艦艇護航。請你們將航向向北調整十五度，重複，是向北調整十五度，否則我們將採取必要的手段，以保證「林肯」號的安全！

加方：這裡是一座燈塔。完畢。

上述案例中，雙方「溝而不通」的原因除了「資訊不精準」，沒有充分回饋最真實資訊之外，還有「我對你錯、自以為是的心智模式」等因素。

把溝通的全部影響因素找出來對實際工作的幫助並不太大，我們需要的是一種對溝通有益的建設性方法。除了「尊重」

（了解並尊重他人的參考系統）、「信任」以及良好的「溝通意識」之外，還有必要重點學習一些相關的技能。

溝通行為的三個環節

溝通行為的三個環節如圖 3-2 所示。

圖 3-2　溝通行為的三個環節

溝通環節之一：表達

- □　向誰表達
- □　表達什麼
- □　怎樣表達

沒有表達，溝通就無法發出。「向誰表達，表達什麼，怎樣表達」是表達技巧的出發點，如果沒有識別清楚，將有可能在溝通的一開始就使方向發生偏差。對這三者的良好認知，對開

展順暢的溝通很有幫助。

話說得不好，小則樹敵、傷友，大則喪命、失江山。故《論語》有言：「一言可以興邦，一言可以喪邦。」

說話是一種技巧，更是一門藝術。一句恰到好處的話，可以改變一個人的命運；一句言不得體的話，可以毀掉一個人的一生。

諸葛亮舌戰群儒，三國鼎立之勢成；楊修恃才放曠，胡言亂語丟了卿卿性命。

在注重人際溝通的現代社會，說話的藝術也就是成功的藝術。

會說話，可以幫你辦成難辦的事。同一個問題變換不同的說話方式，將得到截然不同的效果。

有人說，會說話的人讓人笑，不會說話的人讓人跳，皆因表達方式不同。

【案例】生死只因一句話

相傳朱元璋做了皇帝，從前的一個窮朋友來找他。見面時說：「我主萬歲！當年微臣隨駕掃蕩蘆州府，打破罐州城，湯元帥在逃，拿住豆將軍，紅孩兒當關，多虧菜將軍。」朱元璋很高興，也隱約記得一些從前的事，就立刻封他做了御林軍總管。

另一位朋友也來找他，見面說：「我主萬歲！還記得嗎？從前，你我都替人家看牛。有一天，我們在蘆花蕩裡，把偷來的

豆子放在瓦罐裡煮著。還沒等煮熟，大家都搶著吃，把罐子都打破了，豆子撒了一地，湯都潑在地上。你只顧從地上滿把抓豆子吃，一不小心連紅草葉子也送進嘴裡，葉子梗在喉嚨口，還是我出主意，叫你把青菜葉子吞下去，才 ——」朱元璋嫌他太不顧全體面，等不得他說完就大喊：「推出去斬了！」

【案例】「麻子路」與「伊豆迷人酒窩大道」本屬同一條路

有兩個臺灣的觀光團到日本伊豆半島旅遊，路況很壞，到處都是坑洞。

其中一位導遊連聲抱歉，說路面簡直像麻子一樣。而另一個導遊卻詩意盎然地對遊客說：「諸位朋友，我們現在走的這條道路，正是赫赫有名的伊豆迷人酒窩大道。」

同樣的情況，不同的表達就會引發不同的態度。

思想是何等奇妙的事，如何去想，如何去表達，決定權在你。

1．恰當的提問

名言錄

我有八位好朋友，肯把萬事指導我。你若想問真名姓，名字不同都姓何。何事、何故、何人、何時、何地、何去、何如，好像弟弟和哥哥。還有一個西洋派，姓名顛倒叫幾何。若向八賢常請教，雖是笨人不會錯。

陶行知〈八位顧問〉

　　作為表達的一種方式，提問是一個工具，那麼如何用好這個工具呢？

　　有一位禪師向門徒提了一個特別的問題，問題得到了恰如其分的回答。第二天，禪師又問一模一樣的問題。門徒說：「我昨天已經回答過這個問題了。」

　　禪師說：「現在我再問你一遍。」門徒重複了相同的答案。禪師說：「你不知道？」

　　門徒說：「可是昨天我也是這麼回答，您點頭了，所以我以為這個答案是對的。為什麼您現在又改主意了呢？」

　　禪師說：「任何能夠重複的事情都不是從你那裡來的，這個答案來自於你的記憶，而不是來自於你的覺知。如果你真的知道了，答案就會不一樣，因為已經發生了那麼大的變化。我不是昨天那個問你問題的人，整個環境都不同了，你也是不同的，可你卻給出和昨天相同的答案。我再問你一次，就想看看你是不是會重複這個答案。沒有什麼是可以重複的。」

　　這個故事告訴我們，人在交往中，應該以「覺知」而不是「己知」作為判斷行為的依據，即上文中提到的那樣，用「同理心」來交流。「己知」的結果可能是「以己度人」。「以己度人」是人的習慣，這樣也許比較有效率，甚至還讓我們感覺到自己的聰明，不過它不見得總是對的。因為事情在變，環境在變，相關的人物也總在變，而在溝通的行為中，真正需要知道的卻

只是事情的「真相」。恰當的提問就是為此，所以恰當的提問也應該避免「隨心的己知」，因為這種「隨心的己知」往往是一個人的一種偏見。恰當的提問一定要站在「理解對方」的基礎上。

透過詢問，至少有兩個具體的任務需要完成：一個是尋找線索，挖掘細節，以期構成清晰的圖畫；另一個是確定講話者的參考系統以及需求、希望和擔心等圖畫背後的故事。

2‧養成良好的發問習慣

(1) 開放式發問

「從哪裡開始的？」

「你想這為什麼會發生呢？」

「你認為有什麼其他原因嗎？」

開放式發問，可以使對方相對「主觀」地表達自己的見解、意見和態度等，從而使提問方獲得較多的關於問題的資訊。

(2) 清單式發問

「目前，公司員工士氣低落，您認為是什麼造成的？市場環境惡劣？工作壓力太大？待遇不理想？」

羅列關於問題的清單，可以讓對方「做選擇題」，讓提問方知道對方認可的答案的先後順序。

(3) 假設式發問

「假設你們事先考慮了這個問題，結果會怎麼樣？」

假設式發問可以激發對方的思考。

(4) 重複式發問

「你談到的想法是⋯⋯？」

「你剛才說的是⋯⋯？」

「如果我沒有聽錯的話，⋯⋯」

「讓我們總結一下好嗎？」

重複式發問，可以很好地核對資訊，確認事實。

(5) 激勵式發問

「您說的⋯⋯這太有意思了，當時您是⋯⋯」

「剛才提到⋯⋯真是太有挑戰性了，那後來⋯⋯」

「這太令人激動了⋯⋯您可不可以就有關⋯⋯」

激勵式發問的目的在於表達對於資訊的興趣和理解，鼓勵對方繼續和自己交流。

(6) 封閉式發問

「現在幾點？」

「對於這兩種方案，你更傾向於哪一個？」

這種提問可以得到對方明確的肯定或否定答覆。

【案例】如何鎖定訂票的發問

向航空公司訂一張去東京的機票，詢問航班資訊時有各種提問方式 ——

「我想問一下，去東京有哪些航班，各航班的時間為幾點？」服務人員就會給出非常多的資訊。（開放式）

「有下午四點去東京的航班嗎？」回答可能是沒有或者有。（封閉式）

又問：「有五點的嗎？」回答很有可能是沒有或者有。（封閉式）

「六點的呢？」也沒有。（封閉式）

「那到底有幾點的呢？」（開放式）

服務人員回答：「有四點十分、五點十五分和六點四十五分的航班。」

其實，每種提問的方法都是有一定特點的。根據每種方法固有的特點，靈活應用以期達到最理想的效果，就練就了說話的藝術。上面案例中的提問發生在火車站的機率比機場大得多，其實同樣是一句話，在提供服務的情景下，封閉式的簡短回答給人「不屑理睬」之感，而且沒怎麼節省時間，也沒什麼建設性，為什麼不改變它呢？

（7）逼迫式發問

「你認為你們總是預想得很好，但效果卻總是不好嗎？」

（8）組合式發問

「我的問題一是……，二是……，三是……，四是……，請您分別解答一下。」

【案例】歌手面對主持人的提問如何「反戈一擊」

在一場歌唱比賽上，主持人問青年歌手：「如果今天在現場讓你做個選擇，你是繼續拉馬頭琴，還是當歌手，兩者只能選其一，你會如何選擇？」

（歌手沉默了良久……）

歌手反問：「我能否問你一個問題？在生活中你是選擇吃飯還是睡覺？」

【案例】普林斯頓大學一學生怎樣的一句話讓校花不得不嫁給他

美國普林斯頓大學一名男研究生愛上了一個女孩。這天，他終於鼓起勇氣在公園裡跟她打招呼。他對女孩說：「我在紙上寫了一句關於妳的話。如果我所寫的是事實，就請送我一張妳的照片，好嗎？」

女孩雖然不想把照片送人，但轉念一想：無論他寫什麼，我都說不是事實，看他怎麼辦。於是女孩說：「好的。」

「如果我說的不是事實，妳千萬不要把照片給我。」男孩說。

「那當然！」女孩回答。

男孩高興地說：「一言為定，不許反悔。」隨後遞給她一張字條。

看了字條上的話，女孩絞盡腦汁也想不出更好的辦法，最後只好乖乖把照片給了他。

聰明的男孩寫了什麼？他寫了很簡單的一句話：「妳不

會吻我，也不會給我妳的照片。」男孩名叫雷蒙・思木里安（Raymond Smullyan），後來成了美國著名的邏輯學家，女孩後來成了思木里安太太。

【案例】智慧商人如何應對財富女神與貧窮女神的刁鑽難題

一天，財富和貧窮兩位女神同時去拜訪一位商人。

商人向她們致敬之後問：「不知道兩位女神光臨寒舍有何貴幹？」

財富女神說：「我們就是想要你說說，我們倆到底誰更漂亮？」

這可把商人難倒了，兩位女神哪一個都得罪不起啊！說財富女神更漂亮，貧窮女神可能會天天詛咒他；說貧窮女神更漂亮，財富女神可能從此不再和他打交道了。

幸好，這時商人並沒有失去冷靜，他靈機一動，說：「我對您二位都無比尊敬，現在我可否請二位按照我說的做，以便我做出正確的判斷呢？」兩位女神同意了。商人說：「財富女神，請您到屋子裡來，好嗎？貧窮女神，麻煩您到門外去，好嗎？這樣，我就可以從遠近不同的角度好好看二位了。」

兩位女神就依商人說的做了。商人興奮地宣布了他的答案：「財富女神，在屋子裡頭的時候，您是最美的！貧窮女神，離屋子遠些的時候是最美的。」

兩位女神覺得商人說得有道理，於是，財富女神高興地留

在了商人家裡，貧窮女神則快樂地離開了。

【案例】文成公主嫁給松贊干布的亙古謎團

據傳，文成公主曾出了一道題目：誰能出一個問題將我難倒，我就願意嫁給他。松贊干布聽到這一消息欣喜若狂，立刻派他的使臣送信給文成公主。信的內容如下：

「尊敬的大唐文成公主，請問要讓妳成為我的夫人，我應該出一個什麼問題才可以把妳難倒？」

以上五個案例都涉及邏輯學中的兩難推理（dilemma），兩難推理在生活工作中被廣為應用，詳見下面的知識連結。

【知識連結】紀曉嵐買書 —— 談兩難推理

清代學者紀曉嵐自幼勤奮好學，當他還是個孩子時，就經常到書攤上去看書。掌櫃見他總是光看不買，有點不耐煩了。

一天，掌櫃對他說：「小孩子，我們是靠賣書吃飯的，你要看，就買回去看好了。」

紀曉嵐聽了，表現出不高興的樣子，歪著小腦袋說：「買書就得先看，不看，怎麼知道哪本好？」

掌櫃說：「你經常到我這看書，就沒有一本好的值得你買嗎？」

紀曉嵐見掌櫃發火了，就很和氣地說：「你這書攤上好書倒是不少，不過，我看完後也就背得了，還買它何用？」

「看完就能背？」掌櫃擺出一副不相信的神態，順手拿起一本紀曉嵐剛看過的書說道：「要是你當著我的面把這本書背下來，我就把它免費送你；要是你背不下來，就永遠別再來看我的書了！」

「好，一言為定。」紀曉嵐把兩隻小手往身後一背，果然把那本書背了下來。

掌櫃大吃一驚，連連稱讚，並把那本書送給了紀曉嵐。

這段故事中，紀曉嵐前半部分的談話裡就包含了如下推理：如果是好書，我看完後就背下來了，那麼，我沒必要買；如果不是好書，我看了後當然也沒必要買；或者是好書，或者不是好書，總之，我只看不買。

這種推理叫兩難推理（也叫假言選言推理，hypothetical disjunctive inference）。兩難推理的一個前提是提出兩種可能的假言判斷。例如：「如果是好書，我看完後就背下來了，那麼，我沒必要買；如果不是好書，我看了後當然也沒必要買」。另一個前提是提出兩種可能的選言判斷。例如：這書「或者是好書，或者不是好書」，其結論有時是性質判斷；「總之，我只看不買」，有時也是選言判斷。

這種推理之所以叫兩難推理，是因為在辯論時，辯論者常用此方法對一個問題向對方提出兩種可能，對方不論選擇哪一種，其結果總是「不利」的，從而使對方陷入左右為難、進退維

谷的境地。兩難推理的名稱就是由此而來的。然而實際上，兩難推理也不一定非用在「左右為難」的情況不可，我們只不過是沿用一貫通稱的「兩難」名稱罷了。

為了便於讀者更好地理解兩難推理，再舉一個案例：

美國第一位總統華盛頓，從小天資過人。據說華盛頓的村子裡有個人的馬被偷走了，失主找來找去找不到，便來向華盛頓求助。華盛頓很熱心，便和失主一同來到集市上。果然在牲口市場上認出了那匹被盜的白馬。失主抓住小偷的衣襟，並拉住韁繩去找警察評理。可是小偷嘴巴很硬，死活不承認馬是偷的，反而說失主是誣賴好人，訛詐白馬，並聲稱這白馬他已養了多年。

華盛頓突然用手將馬的雙眼搗住，向小偷問道：「你說這馬不是偷的，是你自家養的，那你說，馬的哪隻眼睛是瞎的？」

小偷被問得愣住了，可他很快改變了窘態，回答道：「左眼！」

華盛頓把手移開，白馬的左眼亮閃閃，不瞎。

小偷急忙改口道：「我記錯了，是右眼。」

華盛頓將另一手也移開，白馬的右眼也亮閃閃的，不瞎。

臉色灰白的小偷再也無話可說，被扭送到警察局。

華盛頓的問題實際上構成了一個簡單構成式兩難推理：

如果回答馬的左眼瞎，那麼你是小偷；

如果回答馬的右眼瞎，那麼你也是小偷；

或者回答馬的左眼瞎，或者回答馬的右眼瞎；

總之，你是小偷。

上面這個案例是一個簡單構成式（即肯定前件式）的兩難推理，可總結如下：

如果 p，則 r；

如果 q，則 r；

或者 p，或者 q；

總之，r。

3 · 透過問話建立愉快的交談

有些人天生不喜歡與人交談，而大多數人可能只是缺乏一個愉快的交談開頭。有什麼辦法嗎？

- □ 問興趣：人們對於自己感興趣的東西，總是願意大談特談。
- □ 問需求：人在有需求的時候，都是希望得到滿足的。
- □ 問快樂或痛苦的感受：他們會與你分享他／她的感受。
- □ 問簡單、容易回答的問題。盡量問一些回答「是」（Yes）的問題，然後可以順藤摸瓜，挖掘對方的興趣點。
- □ 問引導性的二選一的問題，能問就問，盡量讓對

方多說。

□ 不問讓對方產生牴觸情緒的問題。

如果你是一個經驗和資歷都比較淺的職場新人，面對一位經驗豐富、資歷深厚、事業有成的創業前輩時，下面這些問話會為你贏得信賴和歡迎。

□ 您是怎麼開始創業的？

□ 您事業中的哪一點吸引您如此投入？

□ 您的事業如此成功，您與競爭對手的主要區別是什麼？

□ 這些年您所在的行業發生了哪些重大的變化？

□ 您所在行業的變化趨勢應該是怎樣的？

□ 您對我這樣初出茅廬的新人有什麼建議呢？

□ 您在事業發展過程中遇到過哪些趣事或難忘的事？

□ 您認為您成功的經驗或者祕訣是什麼？

□ 您退休以後最想做什麼？

□ 您希望別人怎樣描述您和您取得的成就呢？

在職場溝通中既要學會問，更要學會不問。在商務交往中，在沒有建立親密關係前，下面是不可問的五個私人問題。

□ 收入

□ 年齡

□ 婚姻

□ 健康

□　個人經歷

溝通環節之二：傾聽

名言錄

子曰：「君子有九思，視思明、聽思聰、色思溫、貌思恭、言思忠、事思敬、疑思問、忿思難、見得思義。」

《論語》

孔子說：「君子有九種事情要考慮，看要考慮是否看清楚了，聽要考慮是否聽清楚了，臉色要考慮是否溫和，表情要考慮是否謙恭，言談時要考慮是否忠誠，工作時要考慮是否敬業，疑問時要考慮請教，憤怒時要考慮後患，見到好處時要考慮道義。」

溝通首先是傾聽的藝術 —— 沒聽進去，說了也等於沒說！

名言錄

重要的不是你告訴別人什麼，而是別人聽到了什麼。

佚名

據說人聽話的速度（詞彙攝取量）是說話語速的六倍。這就意味著在一方說話時，另一方會有足夠的時間休息，這一點被行為學家認為是人們聽課或進行其他聽的行為時容易走神的原因之一。由此可見，「認真聽」其實比「認真說」更難一些。

溝通是雙向的行為，也是一個表達、傾聽和回饋的閉環行

為。因此要使溝通有效，雙方都應當積極投入交流。但很多時候人們都是被動地聽，而沒有主動搜尋和理解資訊。積極的傾聽要求管理者把自己置於對方的角色上，想像對方的思路，體會其內心世界，以便能正確理解對方的意圖，而不是自己想當然，應避免進入「和自己說話」的陷阱。另外，積極主動的「傾聽」也透過語言、眼神、動作等資訊，積極地向「表達」方透露著自己對事情的看法，從而影響對方更加投入地交流。

名言錄

充分完美的溝通只有當一個人不僅接受另一個人發出的理智的資訊，而且也接受相同的感情時才能發生。

佚名

【案例】三個小金人，哪個更有價值

曾經有個小國向中國一皇帝進貢了三個一模一樣的小金人，金光閃閃，把皇帝高興壞了。可是這小國同時出了一道題目：這三個小金人哪個最有價值？

皇帝想了許多辦法，請來珠寶匠檢查，秤重量，看做工，都是一模一樣的。怎麼辦？使者還等著回去匯報呢。泱泱大國，不會連這種小事都不懂吧？

最後，一位老大臣說他有辦法。皇帝將使者請到大殿，老臣胸有成竹地拿出三根稻草，插入第一個小金人的耳朵裡，稻草從另一隻耳朵出來了；插入第二個小金人耳朵裡的稻草從嘴

巴裡直接掉了出來；而第三個小金人，稻草插進去後掉進了肚子，什麼響動也沒有。老臣說：「第三個小金人最有價值！」使者默默無語，答案正確。

這個故事告訴人們，最有價值的人，不一定是最能說的人。老天給人們兩隻耳朵一張嘴巴，本來就是讓人多聽少說的。善於傾聽，消化在心，內化於心，這才是一個有價值的人應具有的最基本的素養。

人往往有一種表現欲，喜歡在以自我為中心的孤僻區域喋喋不休，喜歡把自己的優點在別人面前展示得一覽無餘，喜歡逞一時口舌之快，喜歡別人被自己說得張口結舌、不知所措。

其實傾聽才是一種幸福。生活中，不妨傾聽父母那喋喋不休的嘮叨，這是一種愛意的釋放；不妨傾聽子女的訴說，以朋友的姿態去感知那顆心靈，給予他們前行的信心；不妨傾聽同事和朋友的喜悅和煩惱，真誠地為他們的進步高興，為他們的成功喝彩，成為他們雨中的一把傘、路上的一盞燈。

何以為「聽」？

古人曾說：「良藥苦口利於病，忠言逆耳利於行。」後半句的意思就是讓人們善於傾聽。這是古人從歷史中總結得來的經驗，他們甚至認為善於傾聽就可「王」天下。

「聽」字由「耳」、「目」、「心」、「王」構成，大意就是用耳朵去聽，用眼睛去交流，用心去感受，然後可「王」天下。足可

見古人對「聽」這一行為的理解。

【案例】老先生哲學式的指路，司機如何聽出來

司機看見大路出車禍，怕耽誤時間，便轉道小路而行。他越走越迷糊，覺得沒有把握，便停下來向路邊一位老先生問路：「請問，到沙鹿怎麼走？」老先生氣定神閒，吸一口菸，不慌不忙地回答：「有路就可以走，多問幾次就會到。」

這兩句話是什麼意思？司機是怎麼聽出其中玄機的呢？司機如是說──

「『有路就可以走』，表示我走的路是對的，應該順著這條路走下去。」

「『多問幾次就會到』，意思是後面會出現幾次比較複雜的岔路。那時候一定要問路，不要亂闖。」

看來聽出老先生的弦外之音並不容易。

如果到中國福建省泉州市清源山去玩，就會被道教老君岩一個特大耳朵的老子石刻像所吸引（見圖3-3）。這兩隻耳朵很「卡通」，那麼巨大，每邊臉頰都被耳朵占去了大半個江山，為什麼？因為他是一位聖人！聖人為什麼耳朵跟別人不一樣？「聖」字怎樣寫的？由一個「耳」、一個「口」、一個「王」字所構成。《說文》說：「聖，通也。從耳，呈聲。」這是說，「聖」字是個形聲字，就是指耳朵通順；字的結構是從耳，表示意義與耳朵有關，「呈」為字的讀音。不過甲骨文中寫的，有的是一

個人上面一個大耳朵，表示只要耳朵的聽覺好、很敏銳就可以算作聖人了。甲骨文也有再添上一個「口」的，表示不僅聽覺好，而且口才也好，這就有點聖人是無所不通的意思了。後來漸漸引申為有最高道德的人，或者是精通某一方面事情的人。

圖 3-3　老子石刻像

由「善聽者為聖」可以更好地理解「上帝為什麼給我們兩隻耳朵一張嘴巴」的道理。

在企業內部，傾聽是管理者與員工溝通的基礎。但在現實中，很多人並沒有真正掌握「聽」的藝術。據分析，傾聽是有層次之分的。

最低層次是「聽而不聞」：如同耳邊風，有聽但沒有到，完全沒聽進去。

其次是敷衍了事的「假裝聽」：嗯……喔……好好……哎……

略有反應其實是心不在焉。

第三是「有選擇地聽」：只聽合自己心思或口味的，與自己意見相左的一概自動消音過濾掉。

第四是「關注地聽」：某些溝通技巧的訓練會強調「主動式」、「回應式」的聆聽，以複述對方的話表示確實聽到，即使每句話或許都進入大腦，但是否都能聽出說者的本意、真意，仍值得懷疑。

第五是「同理心的傾聽」：一般人聆聽的目的是為了做出最貼切的反應，根本不是想了解對方，而同理心的傾聽的出發點是為了「了解」而非「反應」，也就是透過交流了解別人的觀點和感受。

第二章提及，人際溝通僅有百分之七是經由文字來進行的，百分之三十八取決於語調及聲音，而百分之五十五是人類變化豐富的肢體語言，所以基於「同理心的傾聽」要做到「五到」，即不僅要「耳到」，更要「口到」（聲調）、「手到」（用肢體表達）、「眼到」（觀察肢體）、「心到」（用心靈體會）。

名言錄

上士聞道，勤而行之；中士聞道，若存若亡；下士聞道，
大笑之，不笑不足以為道。

《道德經》

上等士人聽到「道」，就趕快去實行；中等士人聽到「道」，

將信將疑；下等士人聽到「道」，則大加譏笑，他們不譏笑的就算不上「道」了。

【案例】傾聽要有同理心：小豬為何怪罪綿羊和乳牛不夠朋友

　　一隻小豬、一隻綿羊和一頭乳牛，被牧人關在同一個畜欄裡飼養。每天乳牛都要被牧人捉出去一次，然後痛痛的垂著腦袋回來，拚命地吃草；每隔幾個月，毛茸茸、胖乎乎的綿羊也會被捉出去，結果光溜溜地回來，還需要裹著被子才行。慢慢地，乳牛和綿羊已經習慣了被牧人捉出去。日子就這樣一天天過著，終於有一天輪到小豬了，牧人捉住肥肥的小豬，牠大聲嚎叫，猛烈地反抗著。綿羊和乳牛很討厭牠的嚎叫，便說：「你看他也常常這樣捉我們出去，我們並沒有大呼小叫，不是也就回來了嗎？」

　　小豬聽了綿羊和乳牛的回答，淚流滿面地說道：「他捉你們和捉我完全是兩回事：他每天捉你乳牛那是去擠你的奶，隔幾個月捉你綿羊，那是要剪你的毛。他是沒有捉過我，但捉我卻是要我的命呀！你們說，我能不反抗嗎？」

名言錄

　　基於提高溝通能力的學習，要求我們理解他人，不是要去強硬地征服別人，讓他們接受我們的觀點，而是需要找到共同的「參考系」。

　　　　　　　　　　　　　　　　　　　　　　　　佚名

所謂同理心就是換位思考，也就是設身處地去體會別人的感受，懂得關心他人、理解他人；站在當事人的角度和位置上，客觀地理解當事人的內心感受及內心世界，並把這種理解傳達給當事人的一種溝通交流方式。是以對方感興趣的方式，做對方認為重要的事情。

人們經常遇到溝通不良的問題，這往往是因為所處不同的立場、不同的環境所造成的。因此，為了達成良好的溝通，培養同理心、學會站在對方的立場思考，真正了解對方的感受是至關重要的。

【案例】戴安娜王妃和芭蕾舞童星

英國一個著名的芭蕾舞童星愛莉才十二歲，卻不幸罹患骨癌準備截肢。手術前她的親朋好友及觀眾聞訊趕來探望，這個說「別難過，搞不好會出現奇蹟，還有機會站起來」，那個說「妳是個堅強的孩子，堅持住，我們為妳祈禱」。愛莉一言不發，默默地向所有人微笑致謝。她很想見到戴安娜王妃，她的優美舞姿曾得到王妃的讚美，誇她「像一隻潔白的小天鵝」。王妃終於在百忙之中趕來了。她把愛莉摟在懷裡說：「好孩子，我知道妳一定很傷心，痛痛快快地哭吧！哭夠了再說。」愛莉一下子淚如泉湧。自從得了病，什麼安慰的話都有人說了，就是沒有人說出這樣的話，愛莉覺得最能體貼、理解她的就是這樣的話。

　　據說，戴安娜王妃雖出身富家，卻沒受過什麼高等教育，她經常說自己笨得像頭牛，IQ 不高。但這個故事讓人們相信她的 EQ 一定很高。這種獨有的天賦讓她的形象在人們心中永遠那麼慈善溫柔、有親和力。

　　聰明和感悟力是兩回事，IQ 和 EQ 也是兩回事。世界上有許多聰明人，會說很多聰明話，但聰明的話說出來不一定貼切，不一定讓人心存感激。其實真正貼心、貼切的話是非常簡單的，可惜不是人人都懂得怎麼說。在管理問題員工時，具有高度同理心的管理者能夠理解員工的感受和情緒，做到雙方感情上的融洽。

溝通環節之三：回饋

1‧有效回饋技巧

　　有了合適的表達和有效的傾聽，就溝通了當事的雙方，但是由於各自的參考系統不同、語言差異等主客觀原因，資訊在傳遞的過程中總會有缺失或偏差，甚至資訊可能會被錯誤地理解。於是就需要溝通的第三個重要環節 —— 資訊回饋。它的本質應該是「確認」 —— 確認事實是否被正確表達或被正確理解。資訊回饋的過程往往需要透過提問來完成。

　　下面來看看新兵到部隊後，是怎樣學習接受命令的。

　　為了目標準確，新兵到部隊後，首先要學習接受命令的

方式是：

（1）命令接受清楚（知道該做什麼）後，下級要複述上級的指示內容。

（2）沒有領會上級命令，應回答：報告，請長官再重複一下命令內容。

2‧回饋的良方 —— 主動告知

比較下述三種情形。

（1）劉經理：「……第三，北區銷售額下降與銷售代表們沒有發展大零售商有關……」（表達）

李經理：（傾聽）

李經理：「我理解您的意思是：銷售代表只注意維護大經銷商而忽視了開拓大零售商……」（回饋）

（2）劉經理：「……第三，北區銷售額下降與銷售代表們沒有發展大零售商有關……」（表達）

李經理：（一直沉默）

劉經理：（他到底聽明白我的意思了沒有？他理解我說的東西嗎？）

（3）劉經理：「……第三，北區銷售額下降與銷售代表們沒有發展大零售商有關……」（表達）

李經理：（只傾聽、不回饋）

顯然三者的感覺是不同的，就像在開會的時候，一個主持

人在說，其他人在打哈欠，相較主持人在說，其他人做筆記、討論，其效果不言而喻。回饋是對對方的肯定，對對方的支持與激勵，也是對結果的負責。只有完成了回饋、確認了事實，才是一個完整的溝通。

另外，主動回饋也是一種職業精神，是讓主管信任自己的好方法。主管交代一個任務，如果不主動告訴他任務的進展，那麼任務越重要，他就越不放心。只有主動告知進展情況，他才會說：「你辦事，我放心。」

3·回饋常見的問題

回饋，是溝通中資訊接收者向資訊發出者做出回應的行為。

（1）問題一：不回饋

不回饋，就無法讓對方明白自己是否理解他所希望自己理解的，也就無法讓他對自己放心。其惡果可能造成資訊的解碼錯誤或缺失，同時也不利於交往雙方增加信任度。

（2）問題二：將表達（發表意見）當成回饋

例如：

劉經理：「……第三，北區銷售額下降與銷售代表們沒有發展大零售商有關……」

李經理：「我的看法正好相反，北區銷售額下降與銷售代表沒有鞏固和開拓批發商團隊有關……」

李經理的發言是回饋嗎？不是。

請注意回饋和發表意見的區別，如表 3-1 所示。

表 3-1　回饋和發表意見的區別

回饋	發表意見（看法）
為了澄清和確認對方傳遞的資訊 例： 「你剛才是不是說……」 「能否將您的觀點重複表述一下？」 「對，我已經聽清楚了。」	為了表達自己的看法 例： 「我的意思是……」 「我認為……」 「你是否知道……」
在自己認為需要確認和澄清對方表達的準確性時，才透過回饋的方法澄清和確認	在自己想表達看法時
回應對方傳遞的資訊	可回應對方，也可不回應
認為對方需要確認自己對其所傳遞的資訊是否準確接收時	在想反駁對方時

(3) 問題三：消極回饋

例如：

「知道了……」

「我懂了。」

「大零售商現在是了不得，像統一、全聯、好市多……」

消極回饋之所以是消極的，關鍵在於這種所謂的回饋沒有發揮確認和澄清對方資訊的作用，相反，還給了對方「我已經明白了」、「你說得對」等錯誤、失真的資訊。

溝通的方式

溝通態度及其溝通效果

　　每個人在溝通過程中，由於信任的程度不同，所採取的態度也不一樣。如果沒有一個端正、良好的態度，那麼溝通的效果肯定是不好的。在溝通過程中，根據果斷性和合作性的不同，可分為五種不同的態度，如圖 3-4 所示。請注意，態度決定一切。如果態度問題沒有解決，溝通的效果就不好。

1．強迫性的態度

　　強迫性態度，果斷性非常強，卻缺乏合作的精神。在工作和生活中，確實有這樣的情況，如父母對小孩子、上級對下級。在這種強迫的態度下，溝通實際上並不容易達成一致。

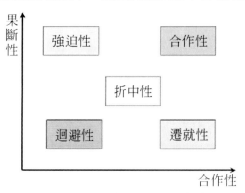

圖 3-4　有效溝通的五種態度

2．迴避性的態度

在溝通中既不果斷地下決定，也不主動去合作，這樣一種態度叫迴避的態度。總是在迴避，不願意與人溝通，不願意下決定，自然也就得不到一個良好的溝通結果。

3．遷就性的態度

具有遷就態度的人雖然果斷性非常弱，但是卻非常能與人合作，對方說什麼都會表示同意，通常下級對上級往往採取一種遷就態度。當與下級溝通時，就要注意他的態度是否產生了問題，採取的是不是遷就態度。如果是，那麼溝通就失去了意義，得不到一個正確的回饋。

在父母和小孩溝通時，小孩也可能遷就地說好、可以，因為一方有權力，一方沒有權力。

4．折中性的態度

折中性的態度有一些果斷性，也有一些合作性。

5．合作性的態度

合作性的態度是指在溝通過程中既有一定的果斷性，勇於承擔責任、做決定，同時又有合作性。這樣的態度才是正確的溝通態度，才能產生共同的協議。

肢體語言在溝通中的作用

一個人的肢體語言，往往會泄露其內心的祕密。因此，注

意觀察一個人的肢體語言，可以更好地了解對方，以便進行更有效的溝通。

【案例】管仲與齊宣王密謀天機是如何被衛姬窺破的

春秋時期，齊桓公因為衛國不順服，與管仲密謀伐衛。議罷回宮，他直接來到他寵愛的衛姬宮室，衛姬看到齊桓公，立即跪下來請求說：「請大王饒了衛國吧！」齊桓公大驚，說道：「我沒有對衛國怎麼樣啊！」衛姬說道：「大王平日下朝回來，見了我總是高高興興的，今天見了我就低下頭、避開我的目光。今天朝中所議論的事情一定與我有關，可我只是一個婦道人家，沒有什麼值得顧慮的，所以一定與我的國家有關！」齊桓公聽了，沉默不語，經過考慮，決定放棄進攻衛國。

第二天，與管仲見面後，管仲的第一句話就是：「大王為何將我們的密議洩露給別人？」齊桓公又嚇了一跳，問道：「你怎麼知道？」管仲說：「您進門時，頭是抬起的，走路的步伐很大，一見到我在侍駕，走路的步伐變小了，頭也低垂了，為何您看到我會不自然？一定是心虛。大王寵愛衛姬，一定談了伐衛之事，莫非此事有變？」

【知識連結】動作大學問

心理學家認為，肢體語言對政治家有至關重要的作用，因為它們可以巧妙地幫助政治家們解決難題，既顯示出自己的強

勢，同時又不會因此惹人生厭。

　　一位心理學家於二〇〇六年九月五日在東英吉利大學的科學研討會中用錄影證明肢體語言對世界政要的「雙重」作用。他解釋說，政治家的「標誌性解讀」，也就是他們不同尋常的舉動，就算透過握手這樣簡單的動作也能找到暗藏的政治資訊。

布希愛抿嘴

　　當布希感到緊張有壓力時，他就會咬嘴唇。心理學家舉例說，二〇〇一年當布希得知「九一一」恐怖襲擊事件後，他咬嘴唇的反應是下意識的，也是十分明顯的。另外，布希喜歡擺動雙臂，用強而有力的步伐展現他的陽剛之氣。

布萊爾手語多

　　英國前首相布萊爾在表示同意時會上揚眉毛。心理學家說，上揚的眉毛表示順從，布萊爾通常用上揚的眉毛表示自己同意並很在意別人的意見，同時也表示自己並不構成威脅。布萊爾會在緊張時擺弄他左手的小拇指，在感到脆弱時會把手放進口袋，在受到威脅時通常會摸自己的胃部。心理學家說，摸自己的胃部或後腦勺是一種自我安慰的行為，就像母親安撫她的孩子，足球運動員在輸球時也會有這樣的動作。

戈登的不滿

　　心理學家還用肢體語言解讀了布萊爾和被視為其接班人的財政大臣戈登·布朗之間的微妙關係。當布萊爾備受關注並

操控大權時，布朗看起來相當不舒服。在英國工黨的一次大會上，布朗甚至有多達三百二十二個小動作洩露了他這種不舒坦的心理。

溝通視窗及運用技巧

在溝通中，一個循環的過程包括兩個非常重要的行為：說和問。一個非常著名的理論叫「溝通視窗」，又稱「周哈里窗」（Johari Window），如圖 3-5 所示。周哈里窗不是靜止的而是動態的，人們可以透過內、外部的努力改變周哈里窗四個區域的分布。這個視窗說明，當人們在溝通過程中「說」和「問」這兩種行為的程度不同時，即說得多或者問得多，就會讓別人對自己產生不同的印象，影響別人對自己的信任。

1 · 溝通視窗中的四個區間

「溝通視窗」把關於本人的所有資訊分為四個區間，即開放區（Arena）、盲目區（Blind Spot）、隱藏區（Façade）和未知區（Unknown）。

(1) 開放區

開放區資訊就是自己知道，同時別人也知道的一些資訊。開放區的資訊，就是一些個人的資訊，如姓名、性別、居住地、公司。

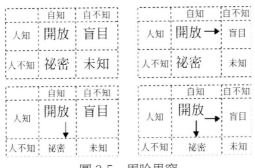

圖 3-5　周哈里窗

(2) 盲目區

盲目區的資訊就是關於自己的某些缺點，可能自己意識不到，但是別人卻能夠看到，就是你自己也不知道的關於自己的資訊，但是別人知道。盲目區的資訊，如性格上的弱點或者平時自己不在意的一些不好的行為。

(3) 隱藏區

隱藏區的資訊就是關於自己的某些資訊，自己知道，但是別人不知道。還有一種隱藏區的資訊，別人不知道，只有你自己知道，如陰謀、祕密。

(4) 未知區

未知區資訊就是關於自己的某一些資訊，自己不知道，別人也不知道。

2・溝通視窗的運用技巧

任何人都有上述四種資訊，在他人看來，每個人的這四種

資訊的多寡是不一樣的。

(1) 在開放區的運用技巧

個人的資訊自己知道，其他人也都知道，這樣的人會讓人們感覺是善於交往的、非常隨和的，容易贏得信任，也願意與之進行合作的溝通。要想使自己的開放區變大，就要多說、多詢問，詢問別人對自己的一些建議和回饋。這從另一個側面說明：多說、多問不僅是一種溝通的技巧，同時也是贏得他人信任，使他人以一個合作的態度與自己溝通的重要保證。在溝通的過程中一定要注意：溝通是一種技巧，這個技巧就是在溝通中表現出來的行為。如果想贏得別人的信任，就要多說，同時要多提問，這兩種行為就意味著一個良好的溝通技巧。

(2) 在盲目區的運用技巧

如果一個人盲目區的資訊最多，會是什麼樣的一種人呢？是一些不拘小節、誇誇其談的人，有很多不足之處，別人都看得見，而他本人卻看不到。造成盲目區大的原因是他說得太多、問得太少，他不去詢問別人對他的回饋。因此在溝通中，不僅要多說，還要懂得多問，避免盲目區過大。

(3) 在隱藏區的運用技巧

如果一個人隱藏區的資訊最多，那麼關於他的資訊，往往只有他自己知道，別人都不知道。這是一個內心很封閉的人或者說很神祕的人。這種人對他人的信任度會很低，在與之溝

通的過程中，可能合作的態度就會少一些，因為他很神祕、很封閉。為什麼他的隱藏區最大？原因在於他問得多，但是說得少。關於他的資訊，他不擅長主動告訴別人。如果別人覺得你是一個隱藏區很大的人或者一個非常神祕的人，原因就是你說得太少了。

(4) 在未知區的運用技巧

若某個人的未知區大，就是關於他的資訊，他和別人都不知道，換句話說，未知區大的人就是他不說也不去問，可能是一些非常封閉的人。這種非常封閉的人，關於他的資訊，他不去向別人了解，也不去告訴別人。封閉很可能會使他失去很多機會，能夠勝任的工作也可能會失去，因為別人不了解他能做這件事情，他也不知道自己能做這件事情。現在競爭越來越激烈，每個人都要努力去爭取更好的工作機會，爭取更多的機會來成就自己的事業，那麼這種未知區很大的人，就很可能失去許多機會。當競爭越來越激烈的時候，失去機會就意味著要落後，甚至要被社會淘汰，所以每一個人一定要盡可能縮小自己的未知區，主動透過別人去了解自己，主動去告訴別人自己能做什麼。

請寫下您的感悟或者即將付諸實踐的計畫：

第四章　六個步驟達成有效溝通

名言錄

（交流的）系統工程有大有小，我們通常喜歡注意大，是完全正確的。但是人與人之間的交往，有的時候反而是小事情打動人。

佚名

溝通過程中，細節的重要性不容忽視。如何才能掌握溝通中的細節呢？這需要有「心」，有過程意識，並進行換位思考。有人把一次完整的溝通過程分成以下六個階段。

- □　第一個階段是事前準備，識別自己的目標。
- □　第二個階段是開始溝通，並確認對方狀況。
- □　第三個階段是深入交流，雙方交換意見。
- □　第四個階段是針對矛盾，處理異議。
- □　第五個階段是達成共識，確定協議。
- □　第六個階段是共同實施，互相促進。

事前準備，識別自己的目標

發送資訊的時候要準備好發送的方法、發送的內容和發送地點，這樣才能在工作中提高溝通的效率。準備的時候可以按照以下的幾條來思考。

- □　根據目標對情況進行 SWOT（優勢、劣勢、機會、威脅）分析。

□ 預測可能遇到的異議和爭執。

□ 針對溝通對象以及對其的分析進行目標設定。

□ 擬訂計畫。

例如：

假設您是一位培訓公司的銷售經理，有家公司有意購買您公司的培訓產品——《有效溝通》。您與這家公司的相關人員已經約了時間，準備登門拜訪。

1・目標設定

兜售出公司的《有效溝通》產品，並與對方建立良好的關係。

2・目標分析

(1) 優勢

由於對方已經有意願購買《有效溝通》產品，說明對方可能對產品有一定的認識，但是認識的程度需要確認。他們能認可，說明自己公司的產品具有一定的優勢。導致這一優勢的原因可能是己方的產品與別人的產品有差異，而這種差異是對方認可的（如己方的授課講師很優秀或者課程內容設置合理）。

(2) 劣勢

對方擁有對整個事件的控制權，他可以隨時掉頭購買其他公司的產品，甚至可以討價還價，更糟糕的是自己對他們知之甚少。

(3) 機會

公司多了一次與外界建立關係的機會，可以透過這次交往讓對方感受到公司的實力和員工的素養，甚至是優秀文化背景，當然還可以期望建立良好的口碑，像滾雪球一樣占領這家公司以及與這家公司有聯繫的公司市場。

(4) 威脅

聽說另一家擁有同類課程的公司也在爭取與這家公司取得聯絡，這是一個大的威脅，意味著如果自己第一次與對方的交往不順利，有可能給競爭者製造一個機會。因此確保第一次就建立良性的關係十分重要。

3．情況預測

對方是一家塑膠加工企業，屬於生產型企業。從事生產的企業，用的人可能會偏技術，流水線上的重複操作也使得公司內部溝通方面可能做得比較差，因此他們希望培訓一下。但是這種企業可能不了解培訓，有可能會覺得課程比較貴。這時培訓公司需要準備一份讓對方更加了解己方的資料——過去的成功案例，讓他們覺得付出是有回報的。另外，從網路上查到對方的註冊資金為兩千五百萬元，猜測對方可能廠房不太大，員工不太多，所以他們可能會希望有一些互動的遊戲環節，讓員工在聽課的過程中，還能有個愉快的體驗。無論真實情況如何，應把這方面的資料也帶上，以備不時之需。網路上還查到

這家公司的註冊日期是某年三月十八日。剛好週六也是三月十八日，所以盡量跟對方約好週四或者週五見面，準備一份小小的禮物——一張印有最優美的語言、最動人的祝福、醒目的公司標誌且有培訓公司總經理親筆簽名的賀卡。在事情談完後、送對方出去時將禮物奉上，借這個機會順帶在對方主管心裡打下深深的「祝福」烙印，以期建立良好的合作關係。

4・溝通的計畫構思

最重要的是弄清楚對方為什麼需要這個產品，是短時間的需要？還是長時間的需求？他們的目的是什麼？

爭取與對方保持良好的溝通氛圍，確保他們對己方產品的意願，並深入地介紹己方產品的特色以及可能的延伸。

了解對方的企業文化、員工組成，以回饋給公司，對課程中不相宜的部分稍作修改。

如果順利的話，別忘了送上準備的禮物。

待想清楚各項事情之後，根據目標在心中制定一個計畫。因為事情不必以書面的形式表達，可以在便條紙上做一個備忘錄，記錄要做的事情及時間先後，以便臨行前再「複習」一下。

開始溝通，並確認對方狀況

【案例】煮熟的鴨子為什麼飛了 —— 吳威生意失敗的啟迪

吳威向一位客戶銷售家具，交易過程十分順利。當客戶正

要掏錢付款時，另一位銷售人員跟吳威談起昨天的足球賽，吳威一邊跟同伴津津有味地說笑，一邊伸手去接貨款，不料客戶卻突然掉頭而走，連家具也不買了。吳威苦思冥想了一天，不明白客戶為什麼突然放棄了已經挑選好的家具。第二天早上，他終於忍不住打了通電話給客戶，詢問客戶突然改變主意的理由。客戶不高興地在電話中告訴他：「昨天付款時，我跟你談到了我的小女兒，她剛考上臺大，是我們家的驕傲，可是你一點也沒有聽見，只顧跟你的同伴談足球賽。」吳威明白了，這次生意失敗的根本原因是因為自己沒有認真傾聽客戶談論自己最得意的女兒。

在上例的溝通過程中，吳威雖然有了一個好的開頭，但是卻沒有確認對方的心理狀況（甚至可能對方正是因為女兒考上臺大，高興之下才決定添置家具）。而正是這種沒有察覺，才導致了交易最後失敗，所以確認對方狀況對最終的成交是有特別意義的。也只有對對方的心理狀況進行了確認之後，才能在溝通不太順利時轉危為安。

深入交流，雙方交換意見

交換意見的起點是雙方闡述各自的觀點，怎樣把自己的觀點更好地傳達給對方，這是非常重要的。自己闡述完了，對方是否能夠明白，是否能夠接受，這是溝通的關鍵。在表達觀點

的時候，有一個非常重要的原則：FAB 原則。FAB 是三個英文單字的縮寫：F 是 Feature，即特點；A 是 Advantage，即優勢；B 是 Benefit，即利益。在闡述觀點的時候，按這樣的順序來說，以確保對方能夠聽懂、能夠接受。

只有雙方都很好地表達了自己的觀點，彼此有了一定的認識後，才會根據對方的觀點進行深入的交流，並最終完成交換意見的過程。

【案例】FAB 法賣沙發

(1) 按 FAB 順序來闡述，如圖 4-1 所示。

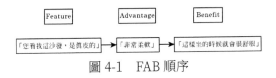

圖 4-1　FAB 順序

(2) 沒有用 FAB 順序闡述，如圖 4-2 所示。

圖 4-2　未用 FAB 順序

後者讓人覺得語無倫次，所以採取 FAB 順序表達時，對方更容易聽得懂，而且印象會比較深刻。

(3) 練習。

利用 FAB 原則，向客戶介紹公司的產品，如表 4-1 所示。

表 4-1　利用 FAB 法介紹產品

Feature 特點	Advantage 優勢	Benefit 利益	走向「握手」

【知識連結】什麼是 FABE

FABE 推銷法是非常典型的利益推銷法，而且是非常具體、高效的，具有很強可操作性的推銷方法。

簡單來說，它是一種銷售模式，透過四個關鍵環節，解答消費者訴求，極為巧妙地處理好顧客關心的問題，從而順利實現產品的銷售訴求。

F（Features，特性）：產品的特質、特性等最基本功能。

A（Advantages，優勢）：即（F）所列的商品特性究竟發揮了什麼作用？就是要向顧客證明購買的理由，與同類產品相比較，列出比較優勢。

B（Benefits，利益）：即（A）商品的優勢帶給顧客的好處。利益推銷已成為推銷的主流理念，一切以顧客利益為中心，透過強調顧客得到的利益、好處激發顧客的購買欲望。

E（Evidence，證據）：證據具有足夠的客觀性、權威性、可靠性和可見證性。

總之，FABE 是一種簡單的以利益溝通為導向的推銷法。

它的標準句式——

「因為（特點）……從而有（優勢）……對您而言（好處）……您看（證據）……」

例如：

「因為這臺筆電體積小、重量輕，所以便於攜帶，對您要經常出差的人而言，攜帶起來就很方便，背在肩上也特別輕，不容易得五十肩之類的疾病，您看它只有一公斤十一吋。」

「因為這酒是大紅色，所以很喜慶，對於您來說，過年過節喝起來特別能彰顯節日的喜慶氣氛，您瞧瞧這種顏色就是我們常說的大紅色。」

針對矛盾，處理異議

讀者在生活中一定會發現，自己經常會遇到別人的異議，即對方不同意自己的觀點。而試圖說服別人時又發現非常困難，同樣，對方想說服自己也非常困難。因為成年人對很多事都已經形成了自己的認知，會根據自己的認知以及「面子」來排斥別人的觀點。然而也正是由於這個原因，人們很可能被自己說服。所以在溝通中一旦遇到異議，說服對方接受自己的觀點不是關鍵，而應讓對方自己說服自己改變觀點，當然另外一個解決辦法就是自己被對方說服。

借力打力的「柔道法」在這裡是個不錯的建議。不是強行說

服對方，而是用對方的觀點來說服對方，這再次說明了「確認對方狀況」的重要性。但是有一點需要注意：處理異議時，要表現出具有「同理心」的態度。如果打算完全無禮地把對方的觀點搞得一塌糊塗，那麼就會令對方失去繼續溝通的願望 —— 因為這讓他很痛苦。因此解決人際關係問題中最具威力的三個字是「我理解」。在溝通過程中，創造一個讓客戶可以暢所欲言、表達意見的環境，展現支持、理解、肯定的態度，尊重客戶的情緒及意見，會讓對方覺得與自己交談是件輕鬆愉快、獲益良多的事。

【案例】菲爾電器公司「推銷大師」威伯如何「扭轉乾坤」

　　菲爾電器公司是一家提供自動化養雞設備的公司。公司總經理威伯曾經做過二十多年的推銷，被授予「推銷大師」的稱號。威伯從報表上發現，近幾個月公司的銷售額普遍下降了，特別是賓州下降得很厲害。這是什麼原因呢？原來公司最近錄取了一批年輕的推銷員，業績普遍都不理想，威伯決定到全國各地的分公司去巡視一番，他所選定的第一站就是銷售額下降最厲害的賓州。

　　此地區的年輕推銷員皺著眉頭訴苦，氣急敗壞地大發了一堆詛咒當地農民的言論：「威伯先生，您不了解本地的農夫。這些傢伙思想觀念落後，非常保守頑固，根本不願意接受任何新事物。他們極其吝嗇，一毛不拔，您無法賣給他們任何東

西⋯⋯」

「也許你說的都是真的，」威伯附和他的意見，「那麼，我們能不能一起去見見他們呢？例如那個最難纏的傢伙？」

在年輕推銷員的帶領下，威伯先生來到屈根保老太太家。大門外，威伯輕輕地敲門。過了一陣子，門打開了一條小縫，屈根保老太太探出頭來，當他看見陌生的威伯以及站在威伯身後熟識的推銷員時，「砰」的一聲，毫不客氣地關上了大門。

「我不買你們的電器，皮包公司，一群騙子⋯⋯」

「對不起，屈根保太太，打擾您了，」威伯微笑著，趕緊道歉，「我不是來推銷電器的，我是想買一簍雞蛋。」

屈根保老太太把門開大了一點點，用懷疑的眼光上下打量著威伯。

「我知道您養了許多美尼克雞，那是良種雞，我想買一簍新鮮雞蛋。」門又打開了一點點。

屈根保老太太好奇地問：「你怎麼知道我養的是良種雞？」

威伯彬彬有禮地說：「我也養了一些雞，但我的雞沒有您的良種雞那樣好。」適當的自謙、鎮定自若的合理解釋，抹去了屈根保老太太臉上的怒色。

但她仍有一些懷疑：「那你為什麼不吃自己家的雞蛋呢？」

威伯耐心解釋：「我養的來杭雞下白色的蛋，您養的美尼克雞下棕色的蛋。您知道，棕色的蛋比白色的蛋營養價值要高一

些，我要買一些給太太吃。」

屈根保老太太的疑慮全消，把門完全打開了。在大門打開的一剎那，威伯眼光一掃，發現院子裡有一個精緻的牛欄。

「我想，」威伯繼續與屈根保老太太套近乎，「您養雞賺的錢，一定比您先生養牛賺的錢要多得多。」

「是嘛！看來你很在行。」屈根保老太太樂呵呵地說，「明明是我賺的錢比較多，可我家那個老頑固，唉，就是不肯承認。」

深諳「人際關係技巧」的威伯一語中的，把屈根保老太太逗得眉開眼笑。頑固的老太太竟然罵自己丈夫是「老頑固」，顯然，這時屈根保老太太已完全放鬆了警惕，威伯幾乎成了她最受歡迎的客人。她邀請威伯參觀她的雞舍。

年輕推銷員跟著威伯，第一次走進了屈根保老太太的家。在參觀的時候，威伯注意到，屈根保老太太雖然不願買自動化養雞設備，但仍在雞舍裡安裝了各式各樣的小型機械，這些小型機械既省時又省力。威伯是一位「誠於嘉許，寬於稱道」的高手，每走到一件小型機械前，他都用不同的語氣、聲調，適時適度地給予讚揚。就這樣，一邊讚不絕口地參觀，一邊輕鬆愉快地閒聊。在不經意中，威伯「漫不經心」地介紹了兩個新品種飼料，談了某個養雞的新方法，然後又「鄭重其事」地向屈根保老太太「請教」了幾個有關養雞的問題。

「內行話」以及對養雞這個「共同事業」的熟悉，縮短了他

們之間的距離。雙方越談越投機，屈根保老太太竟然毫無保留地與威伯交流起養雞的經驗來。

兩個星期過後，屈根保老太太那些美尼克良種雞在電燈光的照耀下，滿意地「咯咕咯咕」叫，威伯推銷了產品，屈根保老太太收穫了更多的雞蛋，雙方皆大歡喜。

【工具包】

面對客戶常用的拒絕藉口，你如何應對？如表 4-2 所示。

表 4-2　工具包

客戶存在異議時的拒絕藉口	你的對應技巧（僅作為參考答案）
我要考慮考慮	您能說說是什麼原因讓您現在不能做出決定嗎？
我們的預算已經用完了	很多時候在我們覺得重要的情形下，就會有預算了。
我要和我的老闆（主管、股東、丈夫、妻子、律師……）商量	是啊！凡事多參考一下別人的意見，總是件好事。不過有時意見一多，要做出決定就更難了。您是個能做出決定的人。
我還沒有準備要買	那就聽聽我的意見，好讓您能更好的做準備。
三個月後再來找我	是什麼原因讓您要三個月以後再談這個問題呢？
我沒錢	我知道只有您才最了解自己的財務狀況，不過，現在做個全盤規劃，對將來才會更有利！我可以在下星期一或星期二過來拜訪嗎？
現在生意不景氣	如果我的方法能讓您的生意景氣起來，您願意聽聽嗎？

這是我們總公司（或 XXX）在負責的	聽很多朋友說您是一個勇於負責任的人，這件事情我想您應該有權決定。
您的價格太高了	理解您對價格的感受。如果您了解我們的品質，就知道我們的價格是低了還是高了。
我們已經有很好的供應商了	您可以比較一下我的產品和您原來供應商的產品，看看到底有什麼區別。
我不在意品質	如果我們購買一樣東西不看重品質，那您還看中什麼？
我們還要跟別家做一下比較	貨比三家是應該的，我們現在就來做個比較吧！

達成共識，確定協議

溝通成功的結果就是最後達成了一個協議。請一定要注意：是否順利完成了溝通，取決於最後是否達成了協議。

在達成協議的時候，要做到以下幾點。

- □ 善於發現別人的支持，並表示感謝。
- □ 願與合作夥伴、同事分享工作成果。
- □ 積極轉達內外部的回饋意見。
- □ 對合作者的傑出工作給予回報。
- □ 讚美。
- □ 慶祝。

共同實施，互相促進

溝通的目的是「達成協議」，為此，人們可謂用心良苦。而

「達成協議」的目的就是「共同實施」，並透過實施期待一個好的結局。

如何才能「共同實施」呢？我們認為「誠信」是基礎，換句話就是「答應了就應該努力去完成」。

至此，本書已談了很多溝通的技巧，但最後其實要忘記技巧，回歸到做人的誠信與真誠上，這才是最高境界的溝通——一切盡在不言中。

【案例】喜馬拉雅山南麓少年的誠實

早年，尼泊爾的喜馬拉雅山南麓很少有外國人涉足。後來，許多外國人到這裡觀光旅遊，據說這是源於一位少年的誠信——

一天，幾位日本攝影師請當地一位少年代買啤酒，這位少年為之跑了三個多小時。第二天，那個少年又自告奮勇替他們買啤酒。這次攝影師們給了他很多錢，但直到第三天下午，那個少年還沒回來。於是，攝影師們議論紛紛，都認為那個少年把錢騙走了。第三天夜裡，那個少年敲開了攝影師的門。原來，他只購得四瓶啤酒，而後，他又翻了一座山、渡過一條河才購得另外六瓶，結果返回時摔壞了三瓶。他哭著拿著碎玻璃片，向攝影師交回零錢，在場的人無不動容。

這個故事使許多人深受感動，後來，到這裡的遊客就越來越多了。

【案例】曾子殺豬 —— 以誠教育子女，溝通千年做人之道

　　曾子，又名曾參，春秋時期魯國人，是孔子的弟子。曾子深受孔子的教導，不但學問高，而且為人非常誠實，從不欺騙別人，甚至對自己的孩子也是說到做到。

　　有一天，曾子的妻子要去趕集，孩子哭著叫著要和母親一塊兒去。於是母親騙他說：「乖孩子，待在家裡等娘，娘趕集回來殺豬給你吃。」孩子信以為真，一邊歡天喜地地跑回家，一邊喊著：「有肉吃了，有肉吃了。」

　　孩子一整天都待在家裡等媽媽回來，村子裡的小孩來找他玩，他都拒絕了。他靠在牆根下一邊晒太陽一邊想像著豬肉的味道，心裡別提多高興了。

　　傍晚，孩子遠遠看見媽媽回來了，他三步併作兩步地跑上前去迎接，喊著：「娘、娘，快殺豬！快殺豬！我都快要餓死了。」

　　曾子的妻子說：「一頭豬抵我們家兩三個月的口糧呢，怎麼能隨隨便便殺呢？」

　　孩子哇的一聲就哭了。

　　曾子聞聲而來，知道了事情的真相以後二話不說，轉身就回到屋子裡。過一會兒，他舉著菜刀出來了，曾子的妻子嚇壞了，因為曾子一向對孩子非常嚴厲，以為他要教訓孩子，連忙把孩子摟在懷裡，哪知曾子卻徑直奔向豬圈。

妻子不解地問：「你舉著菜刀跑到豬圈裡做什麼？」

曾子毫不思索地回答：「殺豬。」

妻子聽了噗哧一聲笑了，說：「不過年不過節殺什麼豬呢？」

曾子嚴肅地說：「妳不是答應過孩子要殺豬給他吃？既然答應了就應該做到。」

妻子說：「我只不過是哄哄孩子，和小孩子說話何必當真呢？」

曾子說：「對孩子就更應該說到做到了，不然，這不是明擺著讓孩子學著大人撒謊嗎？大人都說話不算話，以後有什麼資格教育孩子呢？」

妻子聽後慚愧地低下了頭，夫妻倆真的殺了豬給孩子吃，並且宴請了鄉親們，告訴鄉親們教育孩子要以身作則。

雖然曾子的做法遭到一些人的嘲笑，但是他卻教育出了誠實守信的孩子。曾子殺豬的故事流傳至今，他的人品一直為後代人所推崇。

德國大哲學家康德是這樣看待誠信的：在一切宣稱中，坦白和誠實都是一個神聖而又絕對莊嚴的法令。《易經》上也說人無信不立。如果一個人誇誇其談卻言而無信，那麼再好的溝通結果也會沒有人去實施。因此，希望「溝通的結果」被付諸實踐，那麼實踐的雙方必須是誠信的擁護者。被譽為管理學「大

師中的大師」的彼得‧杜拉克之所以無數次地強調「責任」對於管理者而言是第一重要的，原因也在於此。什麼是責任？不正是對職位職責、對社會的誠信要求嗎？

　　溝通雙方自覺完成自己的任務，互相幫助對方更好地完成對方的任務，那麼任務完成的時候，不但誠信建立了，感情也會隨之建立，關係也自然更好，對於今後的溝通也會有很大的促進作用。更現實的是，雙方都會得到自己溝通時所期望得到的結果。

　　請寫下您的感悟或者即將付諸實踐的計畫：

_____

_____

_____

_____

第五章　管理者溝通缺失與全方位的有效溝通

溝通缺失的文化背景、表現與改進途徑

傳統文化與溝通缺失的關係

　　一位知名外交官說：「在當今世界越來越凝聚如一個村莊時，與村裡人交流，不僅需要語言無障礙，還有語言如何恰到好處。」他不諱言：「亞洲人不太善於交流。」不善交流的成因包括教育弊端、社會認同、慣性思維。傳統教育總是教導人們「敏於行，訥於言」，見人且說三分話、禍從口出等。

【案例】電影《火線交錯》對人類溝通缺失的啟示

　　《火線交錯》的片名 Babel（巴別塔）源自《聖經》中的故事。據說大洪水劫後，地球上只剩下諾亞的子孫，他們都講一樣的語言，都有一樣的口音。一天，他們決定要建造一座城和一座塔，塔頂通天，讓自己的聲音傳遍世界各地。由於大家語言相通，同心協力，正在建的巴比倫城繁華而美麗，通天塔直插雲霄。

　　沒想到此舉驚動了上帝！他看到人類這樣齊心協力，統一強大，心想：如果人類真的修成宏偉的巴別塔，那以後還有什麼事做不成呢？一定得想辦法阻止他們。於是他悄悄地離開天國來到人間，改變並區別開了人類的語言，使他們因為語言不通而分散在各處，那座塔的修建也就半途而廢了。

從此以後「巴別塔」被用來比喻人們之間因溝通不良而產生的種種誤解和衝突。

《火線交錯》講述了由一次槍擊事件引出的一系列關於溝通不良的故事。一個北非的導遊接受了一位日本遊客朋友贈給他的一把來福獵槍，並將槍賣給了一個牧羊人。牧羊人把槍交給自己的兩個孩子，好讓他們在放羊時用來對付豺狼。這對放羊的兄弟在練習槍法時，子彈射穿了馬路上開來的旅遊巴士的車窗，又恰恰射中了來自美國的女遊客。女遊客和丈夫不久前喪子，這次一同出遊本來是為了挽救夫妻無法溝通的婚姻。女遊客在小村莊裡等待救護生死未卜，同時摩洛哥警察懷疑有恐怖主義行為，為保護國家名聲，開始粗暴地抓捕牧羊人一家，牧羊人一家平靜祥和的日子不復存在了。

女遊客的丈夫打電話給美國加州聖地牙哥家中的墨西哥保姆，要她好好看管家中的兩個孩子，而墨西哥保姆要到邊境對面的家中去參加兒子的婚禮，一時間找不到人代替，只好把兩個孩子帶去。結果返回聖地牙哥的途中，在邊境檢查時，由於保姆姪子與警察溝通不順，被警察懷疑綁架孩子，他開車闖關，失魂落魄地在野外度過了一夜，幾乎把孩子丟了。

在地球的另一端，日本警察調查來福獵槍的來歷，結果發現不久前日本遊客的妻子用這把獵槍自殺了，並被他們正值青春期的聾啞女兒看到了。聾啞女兒再也找不到任何一個能夠像

母親那樣可以跟她溝通的人，生活開始失去光彩……

影片為我們在溝通方面帶來多角度的思考。

（1）摩洛哥的故事：國家之間的溝通

一位牧羊人為了放羊時驅趕豺狼購買了一把槍，他的兩個兒子學會使用後跑去放羊，將槍瞄準了一輛從遠方開來的旅遊巴士，子彈射中一位美國女遊客 —— 剛剛經歷喪子之痛的她心不甘情不願地與丈夫一起來旅遊散心。橫空而來的子彈打破了寂靜，在偏遠的沙漠裡，這對遊客夫婦只好暫住小村莊等待救援，還讓獸醫為妻子縫合傷口。美國也藉此小題大做，想以肅清恐怖組織為由派飛機前往摩洛哥，雙方政府在此問題上的不同意見，導致這對遊客夫婦無端被滯留在小村子裡得不到救援。這是國家與國家之間的溝通不良導致了女遊客未能得到及時的治療。

（2）聖地牙哥的故事：人民之間的溝通

墨西哥保姆亞美妮雅帶著兩個美國孩子一起參加老家的一場婚禮，但在半夜返回美國國境時，卻因溝通問題，被美國警方誤會她拐帶美國小孩，她最終因非法工作被永久驅逐。這是兩個國家的人民之間因語言等溝通障礙造成的誤會。

（3）東京的故事：家人之間的溝通

看不懂的觀眾興許覺得這段與另外兩個故事最無關聯，一個東京的聾啞女孩，因為母親突然自殺，讓她非常渴望愛，她

認為別人都把她當異類，所以她選擇一些極端的方式來宣洩，如在陌生男人面前脫光衣服。但其實最能給她安慰的還是她的父親。而女孩的父親正是在摩洛哥惹禍的那把槍的擁有者。一次去摩洛哥打獵，父親將槍送給了當地的導遊，而導遊又將槍賣給了牧羊人。溝通的問題不僅出現在陌生人和不同國度的人之間，就連家人，只要溝通出現問題也會引發種種危機。

(4) 東京聾啞女孩與其母親：自我溝通問題

自我溝通是心靈的對話，是自己與自己的對話，是溝通自己的身心，是自我的覺察與反省。因為最了解你的人是你自己，最不了解的也是你自己，有道是：「自知者明，知人者智。」認識自己是人類最難的問題。自己與自己溝通非常重要，一個人不管有多忙，每天一定要留出一點時間給自己，來溝通你的身心。

與自己溝通時，還要注意對自己提出積極的問題。這時，你可以充分發揮自己的想像力，當你與伴侶生氣時，回想戀愛時的甜蜜時光；當你遇到挫折時，回想自己最成功和最得意的一件事；當你與同事發生不愉快時，回想同事曾經對自己的幫助。總之，與自己溝通是一種滋養心靈的有效方法，在不斷的、積極的自我溝通過程中，你的心胸會開闊起來，你的內心也會和諧豐富起來。東京聾啞女孩的內心掙扎與其母親的自殺就是明證。

　　總之，溝通並非只是語言問題，更多來自我們的文化與心靈。為了國與國之間、民族與民族之間、人與人之間、自我的身心之間能和睦相處、和平友愛。我們每個人都要拆除心中的藩籬，重新建起溝通的「巴別塔」，它是一座沒有誤解、沒有障礙、沒有傷害的光明之塔，它是一座充滿理解、溫情、友愛的通天之塔。

溝通缺失的表現與改進途徑

方法一

　　從學習溝通到成為溝通高手，最重要的改變不是行為而是思想。要從以自我為中心、凡事自以為是改變到「吾日三省乎吾身」的自我內在覺察與覺醒；從高高在上、目中無人、老子天下第一的輕狂到謙卑若愚、虛懷若谷的大度與謙讓；從得意忘形、沾沾自喜的自傲到對人、對世界懷有敬畏的謙虛；從得魚忘筌、忘恩負義的無情到滴水之恩湧泉相報的回饋與感恩；從剛愎自用、專橫獨斷的武斷與蠻橫到兼聽則明、從善如流的民主與謙遜。只有這樣，我們才真正理解溝通、懂得溝通。此方法總結如下：

　　自以為是→自以為非

　　目中無人→目中有人

　　得意忘形→有所敬畏

得魚忘筌→感恩回饋

專橫獨斷→兼聽則明

方法二

當我們的眼睛開始向內看，開始反省與責己，而不是抱怨與責人的時候，個人與組織會提高績效、化解矛盾、有更好的團隊合作精神，開始遠離績效不佳、矛盾升級和獨行主義。

當我們開始以組織的目標和結果為導向，我們就會放棄個人的一己私利；當我們把目光鎖定未來、不斷向前看時，我們就會拋棄過去的個人恩怨與衝突；當我們胸懷全局，就會捨棄與全局利益相衝突的部門與個人利益，一個有大局觀的人會在必要的時候做出奉獻與犧牲。從這點來講，溝通是一種文化和態度。總結如下：

溝通是一種文化和態度	
反饋與責己	抱怨與責人
工作目標導向	個人意見導向
導向未來	糾纏過去
全局觀念	部門或個人利益
合作精神	本位主義
提高績效	降低績效
化解矛盾	矛盾升級

人際溝通管理

人際溝通與組織溝通的不同

人際溝通的特點：代表個人，代表自然人，可以自由地選擇溝通對象、管道和內容。

組織溝通的特點：代表職務，不代表自然人，必須按組織溝通的基本規則選擇溝通對象、管道和內容。

對於管理者而言，在開展人際溝通與組織溝通這兩件事情上是有差異的。人際溝通中，主體是自然人，他們可以帶有非常強烈的個人感情色彩，甚至可以拒絕與一個重要但自己不喜歡的人交往，因為他們只需要對自己負責即可，所以這種交往允許帶入更多的個人喜好。而組織溝通中，他們作為職務人，代表的是職務，組織的責任要求才是他們思考問題的出發點，個人偏好縱然對溝通的對象、管道、內容選擇有很大影響，但按照組織責任需求行事是職務人應有的基本素養，因此，在這種情況下拒絕一個你因工作需要溝通，但自己並不喜歡的人士，就很不合理。

人生在世，就是要處理好人與人、人與社會、人與自然之間的關係。在此主要探討人與人的關係。先談人際溝通，再談組織溝通。

好人緣，源於會溝通

成功學家們的研究顯示，一個正常人每天花 60%～80% 的時間在「說、聽、讀、寫」等溝通活動上。故此，一位智者總結到 ——「人生的美好，就是人情的美好；人生的豐富，就是人際關係的豐富；而人生的成功，便是人際關係的成功」。

古今中外，人際交往具有一般性的共同的準則，如奸詐的人，無論走到哪裡，一般情況下很難長時間贏得好的人緣。但是，由於文化、傳統等方面的因素，東西人際交往的準則也存在差異，一些在西方可以讓人接受的品行、習慣，如果照搬到臺灣就可能不招人喜歡。

真誠的讚美是贏得良好人際關係的通行證

人與人在搭「心橋」之前，需先搭一座「語橋」。人性的弱點就是喜歡批評人，卻不喜歡被批評；喜歡被讚美，卻不喜歡讚美人，因此造成了人與人之間的距離。把我們親切的眼神帶給對方，冷漠就此消失；用我們的耳朵來傾聽，爭辯就會減少。

讚美不是一種虛偽的語言，而是以愛為出發點，去欣賞他人的優點，進而讚美他；用真誠的心態，誠心誠意地去發掘他人的特色，進而讚美他；讓自己願意張開眼，去看見別人的優點。

每個人都應該要求自己習慣去開口讚美他人，為別人播灑

陽光的同時也照亮自己。

　　一個懂得真誠讚美別人的人，是一個善於發現別人優點、寬容別人弱點、心中充滿陽光的人，這種人自然會擁有好的人際關係。人際關係的最高法則就是 —— 你希望別人以什麼方式對待你，你就以什麼方式對待別人。你善於欣賞別人、讚美別人，自然會成為受歡迎的人，也容易得到別人的讚美和欣賞。敬人者，人恆敬之。

　　讚美是手中送出的玫瑰，在別人心靈感到愉悅的同時，自己手上也留下了淡淡的香味。

　　送出讚美，給予他人自信和快樂，你也會得到尊敬和快樂。

　　人們願意與你相處、和你交朋友，你要提供給人家「利益和好處」，要想想自己能夠帶給別人的「利益和好處」是什麼，換句話說，你要能為別人創造價值。

　　第一，你能為別人創造實用價值。例如：你能幫忙修電器、烹飪美食、照顧孩子等，它是一種實用價值。

　　第二，跟你相處能夠開闊視野、提升水準。例如：你這個人很有見識，掌握先進技術、管理經驗、經營理念，你有新觀念、新思維、新思想，與你相處讓人有開闊的視野和遠見。

　　第三，你能聆聽別人的想法，還能發表對人家有幫助的觀點。例如：張三情感出現危機，你能聆聽她的傾訴，理解她的情感，還能安慰她的心靈；李四事業受挫，你在聽完他的情況

介紹後，能提供耳目一新的創意和方法。

第四，你能欣賞並認可別人的價值。例如：王五的書法在業內名聲不大，你品鑑以後大加讚賞，並預言三年以後必將名滿天下，給人希望與信心，三年之後果然言中。

第五，你能讓別人快樂起來。你總是樂於助人，善於讚美別人，與人相處多寬容、少計較。

發自內心的真誠讚美是讓人愉悅起來的最有效武器。下面談談讚美的基本原則與方法。

讚美的基本原則包括以下幾項：

(1) 真誠

真誠是讚美的前提和基礎，是讚美的第一要素。對於讚美的話語，人們最重視的是什麼呢？「誠」和「實」，讚美時態度要真誠，誇獎要言之有物，切忌陳詞濫調、華而不實和虛偽輕浮。

(2) 切境得體

切合語境和得體妥貼是人們衡量理想的語言表達效果的一個重要標準，也是讚美的一個重要原則，讚美也不是隨便拿一句好話過來就能說的，而是要考慮到被讚美對象的各種因素，包括其職業身分、教育程度、性格愛好、處境心情以及與讚美者的特定關係等，這些因素直接影響到讚美的效果，所以必須因人而異地恰當讚美，否則就會適得其反。

讚美也有兩面性。真誠的讚美，發自內心，恰如其分，讓人際關係如虎添翼；虛假的讚美，不切實際，拍馬奉承，只會弄巧成拙、適得其反。

下面為大家提供部分讚美的對象與讚美語言範例，以便參考、借鑑和練習。

衣：符合潮流時尚、穿著得體、品味獨特、有品味、有格調、別出心裁、別具風格、好的身材也要有好的裝扮來襯托、「可否告訴我您是如何學會如此得體的穿衣哲學的？」

食：美味可口、有利健康、色香俱全、匠心獨運、十全十美、有口皆碑、名不虛傳、垂涎三尺、高朋滿座、龍肝鳳髓。

住：古色古香、格局大方、布置高貴、有個性、「麻雀雖小，五臟俱全」、溫馨可愛、面面俱到、鬼斧神工、美輪美奐、煥然一新、金玉滿堂、福地人傑、「您家有一種特別的風格，看起來很優雅、高貴，室內的擺設很獨特，看得出主人匠心獨運、慧眼獨具。」

行：豪華舒適、襯托身分地位、一帆風順、有氣勢、馬到成功、鵬翅高展。

外表：光鮮亮麗、充滿生氣、魅力無限、帥極了、年輕漂亮、帥氣、美麗、風度翩翩、神采飛揚、一表人才、親切感、和善、熱情、氣質不凡、美麗動人、活潑朝氣、眉清目秀、俊男美女、郎才女貌、駐顏有術、千嬌百媚、國色天香、目如秋

水、氣宇軒昂。

內在：氣質高貴、氣質不凡、舉止優雅、學富五車、學識豐富、德高望重、慈祥和藹、聰明伶俐、才高八斗、富有愛心、吃苦耐勞、桃李滿天下、成熟穩健、嫵媚、知書達理、溫文儒雅、人才出眾、一字千金、不同凡響、能文能武、雄才大略。

經理：運籌帷幄、經營有道、領導有方、大刀闊斧、明察秋毫、先見之明、以身作則。

老闆：事業有成、具有創造力、容光煥發、勇於開創、成績卓越。

長輩：福如東海壽比南山、慈祥、薑是老的辣、安享晚年、盡享天倫之樂、最美不過夕陽紅、老當益壯。

年輕人：風華正茂、黃金時代、生龍活虎、前程似錦、多才多藝、年輕有為、風度翩翩、知書達理、儀態萬千。

父母：教子有方、有責任感、有愛心。

小孩：活潑可愛、機敏過人、茁壯成長、人見人愛、掌上明珠、虎父無犬子、小天使、小精靈。

【案例】怎樣的一句讚美，他得到了情人的全部遺產

一位老女人應邀去參加一個別開生面的舞會，她為這次舞會穿衣打扮費了不少心思。舞會上，這個女人曾經的兩位情人也來了。第一位情人見到她時忍不住說：「喲，妳和年輕時完全

不一樣了，真的變成一個老太婆了。」第二位卻對她說：「妳簡直太美了。人們都說歲月殘酷，可它絲毫未能摧毀妳的美麗。要是妳不介意的話，我多麼希望能和妳跳一支舞。」接下來，舞會開始了。老女人在第二位情人的邀請下走入舞池，舞曲一首接一首地放，兩人一支接一支地跳，直到舞會終場，她禮貌地向兩位情人道別，便轉身走了。

三天後，傳來了這位老女人的死訊，兩位情人及時趕到，並分別得到一封信和一個包裹。在給第一個情人的信裡，老女人說：「你是一個誠實的人，你說了真話，現在我把我一生的日記全部留給你，從中你可以看到一個女人真實的內心世界。」在給第二個情人的信裡，老女人說：「感謝你一席美麗的謊言，它讓我度過了一個美好的夜晚，並足以把我一生的夢幻帶到另一個世界，為此我將留給你我全部的財產！」

【案例】誰說天下沒有免費的午餐

一天中午，在賣清粥小菜的餐廳，有兩位客人同時向老闆娘要求增添稀飯。一位是皺著眉頭說：「老闆，你為什麼這麼小氣，只給我們這麼一點稀飯？」結果那位老闆也皺眉說：「我們稀飯是要成本的。」還加收他第二碗稀飯的錢。

另一位客人則是笑咪咪地說：「老闆，你們煮的稀飯實在太好吃了，我一下子就吃完了。」結果，他又得到一大碗又香又甜的免費稀飯。

適當地讚美別人，是我們在創造「新關係」中最好的方法之一。小小的讚美可以產生極大的效果。

【案例】士為「讚賞」者死

韓國某大型公司的一個清潔工，本來是一個最被人忽視、最被人看不起的角色，但就是這樣一個人，卻在某天晚上公司保險箱被竊時，與小偷進行了殊死搏鬥。

事後，有人為他請功並詢問他的動機時，答案卻出人意料。他說：「當公司的總經理從我身旁經過時，總會不時地讚美我『你掃的地真乾淨』。」

你看，就這麼一句簡簡單單的話，就使這個員工受到了感動，並「以身相許」。

這也正合了一句老話 ── 「士為知己者死」。

美國著名女企業家玫琳凱（Mary Kay）曾說過：「世界上有兩件東西比金錢和性更為人們所需 ── 認可與讚美。」金錢在調動下屬們的積極性方面不是萬能的，而讚美卻恰好可以彌補它的不足。因為生活中的每一個人，都有較強的自尊心和榮譽感。你對他們真誠的表揚與贊同，就是對他價值的最好承認和重視。能真誠讚美下屬的主管，能使員工們的心靈需求得到滿足，並激發他們潛在的才能。

打動人最好的方式就是真誠的欣賞和善意的讚許。

【案例】天下奇鴨只有一條腿嗎

有一位富翁家裡請了一位手藝高超的廚師，這位廚師最擅長「烤鴨」這道菜。烤鴨做得美味可口，堪稱一絕。可這位富翁只知道品嚐美味，卻從來沒有讚美過廚師的手藝。時間久了，廚師每次送到富翁面前的烤鴨，雖然美味可口，卻通通只有一條腿。

富翁很是納悶，就問廚師：「為什麼你烤的鴨子只有一條腿？」廚師回答說：「鴨子本來就是一條腿，我還能烤出兩條腿來？」「胡說！鴨子明明是兩條腿。」富翁說道。

廚師不再辯解，轉身推開窗戶，請富翁向外看。只見不遠處的水塘邊有一群鴨子，正在打盹兒，縮起了一隻腳，只用一隻腳站立。於是廚師說：「你看，鴨子真的是一條腿嘛！」

富翁不服，於是兩手用力鼓掌。掌聲響起來，鴨子被突然驚醒，紛紛走動起來。富翁得意地說：「你看，每一隻鴨子都有兩條腿啊！」

廚師不慌不忙地說：「對嘛！如果你品嚐這美味烤鴨時，也能鼓下掌、稱讚幾句，烤鴨不就也有兩條腿了嗎？」富翁聽了，無言以對。

開導的藝術

【案例】一個艄公如何開導尋短見的少婦

某個夏天的傍晚，一個美麗的少婦投河自盡，被正在河中划船的白鬍子艄公救起。

「妳年紀輕輕，為何尋短見？」艄公問。

「我結婚兩年，丈夫就拋棄了我，接著孩子又病死了。您說，我活著還有什麼樂趣？」少婦哭訴道。

「兩年前妳是怎麼過的？」艄公又問。

少婦的眼睛亮了：「那時候我自由自在、無憂無慮……」

「那時妳有丈夫和孩子嗎？」

「當然沒有。」

「那麼妳不過是被命運之船送回了兩年前，現在妳又自由自在、無憂無慮了，請上岸吧。」

少婦回到岸上，艄公搖船遠走。少婦揉揉眼睛，宛如做了一個夢。她想了想，離岸走了。自此，她再也沒有尋過短見。

【案例】大哲學家蘇格拉底勸慰失戀者的千古經典對白

蘇格拉底（以下簡稱「蘇」），失戀者（以下簡稱「失」）。

蘇：孩子，你為什麼悲傷？

失：我失戀了。

蘇：哦，這很正常，如果失戀了沒有悲傷，戀愛大概就

沒什麼味道。可是年輕人，我怎麼發現你對失戀的投入甚至比對戀愛的投入還要傾心呢？

失：到手的葡萄丟了，這份遺憾、這份失落，您非個中人，怎知其中的酸楚啊！

蘇：丟了就丟了，何不繼續向前走，鮮美的葡萄還有很多。

失：我要等到海枯石爛，直到她回心轉意向我走來。

蘇：但這一天也許永遠不會到來。

失：那我就用自殺來表示我的誠心。

蘇：如果這樣，你不但失去了你的戀人，同時還失去了你自己，你會蒙受雙倍的損失。

失：踩上她一腳如何？我得不到的，別人也別想得到。

蘇：可這只能使你離她更遠，而你本來是想與她更接近。

失：您說我該怎麼辦？我是真的很愛她。

蘇：真的很愛？那你當然希望你所愛的人幸福對吧？

失：那是自然。

蘇：如果她認為離開你是一種幸福呢？

失：不會的！她曾經跟我說，只有跟我在一起的時候她才感到幸福！

蘇：那是曾經，是過去，可她現在並不這麼認為。

失：可是，她現在不愛我了，我卻還苦苦愛著她，多麼不公平啊！

蘇：的確不公平，我是說對你所愛的那個人不公平。本來，愛她是你的權利，但愛不愛你是她的權利，而你卻想在自己行使權利的時候剝奪別人行使權利的自由。這是何等的不公平！

失：可是您看得明白，現在痛苦的是我而不是她，是我在為她痛苦！

蘇：為她痛苦？她的日子可能過得很好，不如說是你在為自己痛苦吧！明明是為了自己，卻還打著為別人的旗號。

失：依您的說法，這一切倒成了我的錯？

蘇：是的，從一開始你就在犯錯，如果你能帶給她幸福，她是不會從你的生活中離開的，要知道，沒有人會逃避幸福。

失：可她連機會都不給我，您說可惡不可惡？

蘇：當然可惡，好在你現在已經擺脫了這個可惡的人，你應該感到高興，孩子。

失：高興？怎麼可能呢？不管怎麼說，我是被人給拋棄了。

蘇：被拋棄的並不一定就是不好的。

失：此話怎講？

蘇：有一次，我在商店看中一套高貴的衣服，愛不釋手，店主問我要不要，你猜我怎麼說的？我說品質太差，不要！……其實是我口袋裡沒有錢，年輕人，也許你就是這件被遺棄的衣服。

失：您真會安慰人，可惜您還是無法把我從失戀的痛苦中

引出來。

　　蘇：時間會撫平你心靈的創傷。

　　失：但願我也有這一天，可我第一步該從哪裡做起呢？

　　蘇：去感謝那個拋棄你的人，為她祝福。

　　失：為什麼？

　　蘇：因為她給了你忠誠，給了你尋找幸福的機會。

組織溝通管理

組織溝通管理有以下三個方向。

- □　向上溝通。
- □　向下溝通。
- □　水平溝通。

如何向上溝通

名言錄

子游曰：「事君數，斯辱矣；朋友數，斯疏矣。」

《論語》

　　子游說：「在君主面前頻繁反覆地提意見，就會自取其辱；在朋友面前頻繁反覆地提意見，就會遭到疏遠。」

　　與上司溝通應該重視正確的結果還是正確的途徑？有時，正確的途徑更為重要。

與上級溝通主要展現在以下幾個方面。

□　向上級建議、請求與規勸。

□　向上級匯報。

□　向上級請示。

1‧下級如何向上級建議、請求與規勸

【案例】臣子張思先讓宋太祖趙匡胤兌現承諾的藝術

宋太祖趙匡胤許諾臣子張思先：「因你這次為君為國做出如此重大的貢獻，我決定讓你官拜司徒。」

張思先左等右等總不見任命下來，可是又不好當面質詢，這會讓皇帝面子上不好看，也可能此事就吹了。左思右想，只能幽默一下，來個皆大歡喜。

有一天，張思先故意騎一隻奇瘦之馬從趙匡胤面前經過，並驚慌下馬向皇帝請安。

趙匡胤問道：「你這匹馬為何如此之瘦？是不是你沒好好餵牠？」

張思先答：「一天三斗。」

趙匡胤說：「吃得這麼多，為何還如此之瘦？」

張思先答：「我答應給牠一天三斗糧，可是我沒給牠吃那麼多。」說罷，兩人大笑不止。

趙匡胤是個聰明人，馬上有所頓悟。第二天，就下旨任命張思先為司徒長史。

【案例】鄒忌的規勸藝術何以流傳千年

　　鄒忌是齊國的謀臣，以勇於進諫和善於辯論著稱。據《戰國策》記載，有一次鄒忌聽齊威王彈琴，他借談琴來說明治國安民的道理，彈琴要音調和諧才算善於彈琴，治國也和彈琴一樣，能安撫百姓才算是善於治國。齊威王聽後，大為讚賞，於是封他為齊相。

　　鄒忌身高八尺，儀表堂堂。一天早上，他穿戴好衣帽，照著鏡子，對他的妻子說：「我跟城北徐公比，誰更好看？」妻子說：「您好看極了，徐公哪能比得上您呢？」城北的徐公，是齊國的美男子，鄒忌不相信自己會比徐公好看，就又問他的妾：「我跟徐公比，誰好看？」妾說：「徐公怎麼能比得上您呀？」第二天，有客人來訪，鄒忌跟他閒聊時，又問：「我和徐公誰好看？」客人說：「徐公不如您好看。」又過了一天，徐公來了，鄒忌仔細端詳他，仍覺得自己不如徐公好看。再照鏡子看看自己，覺得比徐公差遠了。晚上躺著想這件事，做出結論：「我妻子認為我好看，是偏愛我；妾認為我好看，是害怕我；客人認為我好看，是有求於我。」

　　第二天，鄒忌上朝拜見齊威王，說：「我確實知道自己不如徐公。但我的妻子偏愛我，我的妾害怕我，我的客人有求於我，於是他們都認為我比徐公好看。如今齊國有方圓千里的疆土，一百二十座城池，宮中的妃嬪、近臣，沒有不偏愛您的；

朝中的大臣沒有不害怕您的；全國的老百姓沒有不有求於您的。由此看來，大王您受矇蔽很深！」

齊威王說：「好！」然後下了命令：「官吏百姓能夠當面指出我的過錯的，可得上等獎賞；書面勸諫我的，可得中等獎賞；在公共場所批評議論我的過失，傳到我耳朵裡的，可得下等獎賞。」命令剛下達，群臣都來進諫，門前、院內像集市一樣；幾個月以後，還偶爾有人來進諫；一年以後，就是想進諫，也沒什麼可說的了。

試想，大臣對國君如果直言規勸，板起面孔，擺出義正詞嚴的態度，國君若是昏君，一旦被激怒，就可能招來殺身之禍，無法達到勸諫的效果。而鄒忌顯得高明多了，他婉言規勸，用具體的事實說明抽象的道理，化深奧為淺顯，化複雜為簡明，化逆耳為順耳，委婉而有說服力。

亞里斯多德認為，領導者應該培養四種美德：謹慎、公正、勇敢、克制。其中的兩種──公正、勇敢，符合傳統模式；另外兩種美德──謹慎、克制，指向另一種模式──小心、平衡處理問題的藝術。在亞里斯多德看來，做正確的事不等於莽撞行事，實際上，過多的勇氣就是不顧後果。在特殊的情況下，是非對錯誰都明白，此時更要謹慎行事，妙手化解，尋找勇敢行為與謹慎克制的最佳組合，這才是領導之道。

因此，要勇於指出和彌補上級的失誤，但不一定用逆耳之

言。有些人認為「忠言逆耳利於行，良藥苦口利於病」，但是他們不知道，如果能達到治病的目的，忠言不逆耳、良藥不苦口豈不是更好。指出上級的失誤，不一定開口就大講其弊，開口就說人家錯了，有時上級心理上不一定承受得了，不妨採取「以迂為直」的戰術，走迂迴路線，這樣有可能收到更好的效果。「觸龍說趙太后」，通篇沒有逆耳之言，沒用激烈的言辭，在和諧、友好的氣氛中，成功幫助太后糾正了錯誤。

【案例】觸龍何以說動趙太后

　　趙太后剛執掌趙國的政事，秦國就派兵前來攻打。趙國向齊國求救，齊國說，必須把長安君送到齊國作為人質，才出救兵。趙太后不肯。趙國的大臣們盡力勸諫，趙太后宣布：「再有人勸說要把長安君送去當人質，我一定把口水吐在他臉上。」

　　左師觸龍請求參見趙太后，趙太后怒氣沖沖地等著他。觸龍進宮，從容小步快走，到太后面前告罪說：「我的腳有病，竟不能大步快走，也很久沒有前來拜見您了。私下裡雖自我原諒，可是我仍然擔心太后貴體健康，所以還是前來看望太后。」太后說：「我依靠坐車行動。」觸龍說：「每日飲食沒減少吧？」太后說：「吃粥罷了。」觸龍說：「我近來特別不想吃東西，卻勉強散步，日行三四里，才稍稍吃一點東西，身子也舒適了。」太后說：「我無法做到。」太后的怒氣漸漸消退了一些。

　　左師觸龍說：「小犬舒祺，年齡最小，又不成材，而我年老

力衰，內心愛憐他，希望您能同意給他補一個王宮衛士之職，我冒著死罪，向您請求。」太后說：「好吧，同意你的請求。你的小兒子多大啦？」答：「十五歲了，年紀雖小，但我希望趁我還沒死的時候，把他託付給您。」太后說：「男人也愛憐小兒子嗎？」答：「比婦女愛得還更多一點。」太后笑著說：「婦女愛子更重啊！」答：「我內心認為，您老人家愛您女兒燕后，超過愛您兒子長安君。」太后說：「你搞錯啦！我愛燕后不及愛長安君。」觸龍說：「父母愛子女，必替他們作長久打算。您老人家嫁送燕后時，臨上轎還拉住她的手，捨不得她走而哭泣，想到她遠嫁難歸很哀傷。燕后出嫁以後時時想念她，祭祀禱告卻說希望她不要被趕回來。這難道不是為她的長遠著想，希望她的子孫相繼為燕王嗎？」太后說：「是的。」

左師觸龍說：「從現在起向前推算三代，趙氏主持趙國政事以來，趙氏子孫有功封侯的，還有存在的嗎？」太后說：「沒有。」觸龍說：「不僅趙國，其他諸侯國中有嗎？」太后說：「沒有聽說。」觸龍說：「從近來說，災禍降到人君身上；從遠來說，災禍波及人君的子孫，這何嘗是子孫不好呢？這是因為子孫位尊卻無功，享受高薪而不出力，收藏財寶多的緣故啊！如今您老人家把長安君放在養尊處優的地位，封他肥沃的土地，給他許多貴重器物，至今不叫他有立功於國的機會，一旦您不在了，長安君依靠什麼在趙國安身？所以我認為您老人家為長

安君打算得短淺了，不及為燕后之長遠打算。」太后說：「唉，好吧！就按照你說的做吧。」於是為長安君準備一百輛車，去齊國當人質。齊國乃出兵救趙。

有的時候，主管犯了錯誤，做下屬的希望指正，往往喜歡「直言進諫」。儘管這種勇氣值得稱讚，但有的時候「正確的途徑」比「正確的結果」還要重要。現在製藥商替小朋友們做的藥品，一般都有糖衣，這讓人們想起「良藥苦口利於病」，其實，如果良藥不苦口、忠言不逆耳，豈不更佳？所以對上級提意見最好能有些技巧，當然如果上級善於主動納諫，那就更好了。

【案例】向上批評要巧妙：晏子妙語批評齊景公

戰國時期的齊景公，喜好狩獵，酷愛飼養能夠捕捉野兔的老鷹。一天，燭鄒不小心讓一隻老鷹飛走了，齊景公大發雷霆，命令將燭鄒推出去斬首。

晏子獲悉此事，急忙上殿奏稟齊景公：「燭鄒有三大罪狀，哪能這麼輕易就殺了？待我公布完他的罪狀後再處死吧！」齊景公點頭同意。晏子指著燭鄒說道：「燭鄒，你為大王養鷹，卻讓鷹飛了，這是你的第一條罪狀；你使得大王為了鳥的緣故而殺人，這是你的第二條罪狀；把你殺了會讓天下人認為大王重鳥輕人，這是你的第三條罪狀。好啦！大王，請處死他吧。」齊景公滿臉通紅，半晌才說：「不殺他了，我明白你的話了。」

晏子含蓄委婉的批評方式既沒有使君王難堪，又替燭鄒說

了情，這種方法是很值得我們研究和借鑑的。

名言錄

身居高位之人，即使請你批評指教，他所真正要的還是讚美。

英國大文豪：威廉‧毛姆（William Maugham）

【案例】身處一人之下萬人之上的李經理的煩惱

李經理寫了一封信給一位職業顧問，信中說道：

都說跟錯了老闆，就會走錯人生，我現在也彷彿有了這種體會，希望專家能幫幫我，在此先謝過了。從畢業到現在我都在一家私人企業工作，待遇什麼的都不錯，如今可謂一人之下萬人之上了，但是和老闆相處越多，越發現老闆脾氣硬得像倔驢，往往意見相左的時候，他就隨口大罵，根本不顧及對方的尊嚴。其實我明白最簡單的方法還是一走了之，但我是個外地人，丟了這份工作我就什麼都沒了。怎麼才能讓他少開「金口」呢？現在覺得自己的脾氣是越來越像他了，怎麼自我改正呢？

專家點評

俗話說：「愛之深，責之切。」對於「脾氣硬得像倔驢」的老闆，要以柔克剛，千萬不要硬碰硬。尤其在意見相左時，最好能：

□　傾聽對方真正的意思。

□　用假設性問句，將自己的意見加以表達。

- 以書面化的報告，分析老闆與自己主張的異同及利弊。
- 用正面的角度去理解老闆的看法。
- 不要急於一時，以時間換取空間。
- 要對老闆的言談保持高度的興趣。
- 善於詢問。
- 從有助於解決問題的角度，欣賞老闆的指責。

能長期獲得老闆賞識的主要原因，不是能力也不是表現，而在於「忠誠」二字。因此，應學習欣賞老闆耿直的個性，以及待人處事的能力，尋找與他的互補之道，剛柔並濟。

如果因無法長期忍受老闆的責備而傷了自尊，不妨在他讚賞你工作表現或向你請教他自己存在缺失的時機下，按下列四個步驟來說出自己的想法。

（1）說明事實，而不是評論

「當你在……（人、事、時、地、物）」

　── 只要舉一個最近發生的事實；

　── 要心平氣和地表達。

（2）表達感受

「我知道你是為我好，不過卻讓我感到……」

　── 先說對方正面的目的；

　── 再說自己不好的感受。

（3）提出期望

「我希望下次發生類似的事情時，我能……，你也能……」

—— 先說自己要努力改變的行動；

—— 再提出要求對方改變的行動。

（4）敘述正面的結果

「我相信，這樣我們就更能……」

為什麼與上司那麼難溝通呢？其主要原因有以下兩個。

□　與上司的角度不同。

□　資訊不對稱。

人與人的視角不同，導致結局不同。一個人視角的高低就如同站在摩天大樓的不同樓層，站在最低層者與最高層者視角不同，人生看法就不同，行為也隨之有差異，最後結局也會不一樣。舉個例子：在一個鋼鐵集團裡面，對於軋鋼的工人而言，軋鋼的技術是最重要的，那麼在他眼裡，軋鋼的技術就是吃飯的本錢，就是一切；而高層管理人員，則可能更看重資本的運作、集團的策略、生產的成本等，對於他們而言，這才是企業活下去的根本。處境不同，思考問題的角度不同，也就造成了人與人溝通中基本立場的差異。

另一個是資訊的不對稱，這就如同買西瓜，賣西瓜的攤主一般都有豐富的選瓜經驗，而一般消費者則是挑瓜的門外漢。儘管攤主有時會在秤完西瓜重量後，在瓜上切一個三角口給顧

客看，但一般只有回家切開以後，才真正知道瓜瓤如何。當老闆的人，朋友也大多都是老闆，他們之間也會互相交換資訊，所以很多事情只有他們才真正知道，而作為員工，就不知道這些資訊，如此也會造成對事物看法的不同。

與上司溝通有兩個基本層面，第一層面：工作意願；第二層面：工作成果。

與上司的溝通大多數都與工作有關，所以關於工作的意願和成果是與上司溝通的基本層面。一個優秀的員工應該主動與上司溝通相關工作的內容，如何溝通呢？

在此提出與上司溝通的建議：

☐　出選擇題而不出問答題。

☐　出多選題而少出單選題。

一個善於思考、做事負責的員工，不會一天到晚請示主管應該如何做，而是帶著答案、準備好對策與上司溝通。

例如：

「何總，您看明天開會怎麼樣？」

「我明天沒空。」

「那您什麼時候有空？」

「看一下吧？可能下週一、週二吧？有空再說！」

……（兩人散去）

又如：

「何總，您看明天開會怎麼樣？」

「我明天沒空。」

「那後天怎麼樣？」何總沒講話，便接著問。

「您看後天早上怎麼樣？」

「後天早上恐怕有點困難。」

「那麼，何總，您看後天下午三點怎麼樣？」

「那就後天下午。」

「何總，到了明天上午，我再提醒您一下，您看可以嗎？」

「好的。」

在後一例中，將事情、時間等具體化，很快就與對方達成了一個口頭協議。另外，除了替主管做選擇題之外，還有個要求是盡量出多選題，因為如果答案唯一，那就表示沒有更好的方法了，而下級不是決策者，這樣會讓上司有一種被要挾的感覺，或者感覺下級有越權的嫌疑。因此，一個優秀的員工是不只有一個答案的人。

2．下屬如何向上級匯報

(1) 匯報注意要點

□ 客觀、準確，以數字和事實為依據，不要帶有個人色彩和自我評價，不做表面文章。

□ 匯報的內容要與原有期望對應。

□ 尋求上司的回饋，確認上司清楚了解了匯報的內容。

□　注意上司的期望，對上司在意的重點內容要詳細匯報。

□　若對上司的評價有不明白之處，要及時回饋。

(2) 下級一定要向上級匯報的情況

以下幾種情況出現時，下級必須向上級匯報。向上級匯報工作是下級工作的重要環節之一，有道是「班長不匯報，連長怎知道」。

□　上司交代的工作完成時，應立即向上司匯報。

□　工作時間跨度較長，工作進行到一定程度，應向上司匯報。

□　預料工作會拖延時，要及時向上司匯報。

□　工作出現失誤時，應及時匯報並坦承錯誤。

□　工作無法進行時，應立即匯報，請上司重新調整方向。

□　需要獲得上司的支持時，及時向上司匯報。

3・下級如何向上級請示

請示，通俗地講，是下級機關向上級機關請求對某項工作、問題做出指示，對某項政策界限給予明確界定，對某事予以審核批准的向上溝通。

在下述情況下，下級一定要向上級請示。

□　屬於上級明確規定必須獲得批准才能辦理的事項。

□　工作中發生了新情況、新問題，而又無章可循，有待上級指示才能辦理的情況。

□ 因情況特殊難以執行現行規定，有待上級重新指示才能
  辦理的事項。

□ 因意見分歧難以工作，有待上級裁決才能辦理的事項。

□ 因事關重大，為防止失誤，須請示上級審核的事項。

□ 超出本級權限，需要上級機關明確指示的事項。

4·向上溝通小結

□ 除非上司想聽，否則不要講。

□ 若是意見相同，要熱烈反應。

□ 持有相反意見，勿當場頂撞。

□ 意見略有差異，要先表贊同。

□ 想要有些補充，要用引申式。

□ 如有他人在場，宜仔細顧慮。

□ 心中存有上司，比較好溝通。

如何向下溝通

1·向下溝通的幾個重要觀念

□ 平等待人（不擺高姿態、不給臉色、要就事論事）。

□ 全局觀念。

□ 責人先責己。

其實向下溝通首先是個「心態」的問題，有些主管會在下
屬面前擺高姿態、給臉色，覺得高「他」一等。沒錯，「他」確

實在你「下面」，「他」為你工作，但是沒有「他」或「他們」的努力，誰來奠定你的成就？所以對下屬好一點總沒有太大的壞處，有些事情事先準備好，比發生了不愉快之後再來彌補更顯智慧。老子在《道德經》裡說得好：「高以下為基，貴以賤為本。」

與下級溝通主要展現在以下幾方面。

□　一般性工作溝通：安排工作。

□　表揚。

□　批評。

□　命令。

表揚與批評也可用在下級對上級的溝通上，但在組織裡一般都用於上級對下級的溝通。

2．一般性工作溝通：安排工作

【案例】摺紙遊戲的啟迪

我們來做個遊戲，假如面前有五名員工，給他們每人發一張 A4 紙，對他們說，不要看別人，看著你們手上的紙，將它們對折。待大家對折後，再讓他們對折一次。待大家再次對折完，再讓他們對折一次。最後，讓他們撕掉一個角。這時候讓他們把紙張展開，看會出現什麼？結果一定會出現好幾種不同的形狀，為什麼呢？

向下溝通的關鍵在於講求標準。沒有標準，其結果就會五

花八門，管理的目標也就無從實現，也就是說，溝通應該雙方互動。在本案例中，只有表達、傾聽而沒有回饋，結果千差萬別也就不足為奇了。

【案例】有這樣一份美妙的旅遊通知

某公司為了犒賞員工，借「五一」勞動節安排了一個活動──六福村之旅。為此，兩個不同的人力資源經理做了兩份不同的通知書，讀者可以一窺他們的溝通水準。

通知一

公司全體員工：

經研究決定，擬定於勞動節安排全體員工去六福村遊玩，時間一天，全體員工務必帶好身分證、健保卡，於當日早上八點到公司集合，否則後果自負。另外，公司只負責門票和來回車費，遊玩期間伙食自理。無特殊情況，不得請假。

這是國內常見的通知方法，有點政府機關的味道。現在來看另外一個人力資源經理草擬的海報。

通知二

如果你想尖叫而辦公室裡又不允許；

如果你想牽漂亮美眉的手而又找不到藉口和機會；

如果你想體驗你從沒體驗到的驚險和快樂；

如果你想忘記你無處發泄的鬱悶和不快……

那麼，請在海報上簽上你的大名，參加公司的「六福村之

旅」吧！

在登記參加後，啟程的前一天，員工們收到了一張門票和一張製作精美的卡片，上面寫著：

××先生／女士：

恭喜你已成為五一歡樂之旅的成員！請你做好行前準備。

1.帶好身分證、健保卡，保管好你的門票。

2.著輕便的服裝。

3.約好你的朋友。

4.如果你嫌開自家車麻煩，步行又太累，請於早上八點前到公司門前搭遊覽車。

5.如果你不吃不喝，可以不帶一分錢。

祝「五一」節玩得愉快！

很顯然，「通知二」的效果要好得多。旅遊本來就應該是充滿歡樂的，為什麼不從發通知開始呢？

【案例】秀才為何買不了柴

一個秀才去買柴，他對賣柴的人說：「荷薪者過來！」賣柴的人聽不懂「荷薪者」（擔柴的人）三個字，但是聽得懂「過來」兩個字，於是把柴擔到秀才面前。秀才問他：「其價如何？」賣柴的人聽不太懂這句話，但是聽得懂「價」這個字，於是就告訴秀才價錢。秀才接著說：「外實而內虛，煙多而焰少，請損之。」（你的木材外表是乾的，裡頭卻是溼的，燃燒起來，會濃煙多而

火焰小，請減些價錢吧。）賣柴的人因為聽不懂秀才的話，於是挑著柴走了。

這個故事給人的啟示是，一個學問高的人（居於溝通的上位）與學問低的人（居於溝通的下位）要實現有效溝通，方法只有一個，那就是講對方聽得懂的語言。

可見，主管的表達方式對於下屬來講很重要。主管埋怨下屬「笨」，沒有正確領會自己的意思，其實可能是主管錯了。怎麼辦？就應該在表述的時候把話說得清楚明白（可以運用5W1H 法：What、Where、When、Who、Why、How），並且在說完之後讓下屬複述一遍，或者讓他們提問以進一步明確主管的意思，來調節這種偏差。重要的是，每個人都應養成良好的溝通習慣。

3・如何表揚下屬

表揚應該針對下屬有價值的具體行為或正面動機，也就是明明白白地告訴被表揚人，我們在鼓勵什麼。鼓勵什麼就會得到什麼，表揚就是讓現在出現的結果以後重複出現；批評或懲罰則會杜絕現在出現的結果，使之下次不再出現。

為什麼表揚可以鼓勵重複行為呢？科學家透過實驗發現，無論是誰聽到表揚，大腦中都會分泌一種叫做「多巴胺」的快感荷爾蒙，這種快感讓人「上癮」，於是人們希望繼續獲得表揚，以便不斷去體驗那種快感，進而產生「下次一定要做得更好」

的願望。

基於以上原因，你也許已經意識到，表揚需要及時。當他完成這項工作的時候馬上給予表揚，他就很容易將這種行為的當下感覺與快感聯繫在一起。另外，如果你在表揚的時候，將他行為所帶來結果的意義（表揚他的理由）也一起告訴他，會更加強他這種快感。

作為一名管理者，你今天表揚人了嗎？如果今天沒有表揚，不要緊，你明天記得要表揚；如果你明天也沒有表揚，那你後天就一定要表揚了；如果你後天還是沒有表揚，那我可以說，你一定不是一個優秀的管理者。如果你一週內沒有表揚，你一定是一個差勁的管理者；如果你兩週不表揚，你一定是一個失敗的管理者，甚至你連基本的人緣也不會好。

表揚的基本原則如下。

□　只表揚應表揚的事。

□　表揚應具體。

□　表揚應及時。

□　表揚應公開。

【案例】你會表揚你的下屬嗎

卡內基與友人在一小咖啡館談天，友人向卡內基請教：「怎樣做才能改善與員工的關係？」卡內基問：「你經常教訓和批評你的員工嗎？」友人答：「是的。」

卡內基又問：「你會因你的下屬工作出色而表揚他們嗎？」對方答：「不，那是他們應該做的。」卡內基笑了笑說：「人通常在感情上需要得到肯定和鼓勵，特別是來自上司和父母的正面讚揚，它會使人的創造性比平時提高八成。你不妨嘗試去表揚你的下屬，這還有利於溝通。」友人略有所悟，決定一試。

當兩人再次在小咖啡館聊天時，友人深有感觸地說：「我那天結結巴巴地表揚我的祕書時，她很詫異，但是第二天她的工作效率明顯有了提高。我才知道正面的表揚對人如此有效。」

4・如何批評下屬

批評的基本原則如下。

- □ 能不批評就不批評。
- □ 能不公開批評就不公開批評。
- □ 批評應選擇恰當的時機。
- □ 內行式的批評效果更好。
- □ 批評最好「零售」不要「批發」。

關於批評方式及內容的建議，管理學家認為：批評的效益在什麼時候都是與被批評者對批評者的信任成正比關係，否則適得其反。

在批評中，要對事不對人，一切言辭都要留有餘地，適可而止。用專業語言提出反對意見，如告知對方這是規矩，對方也就不好爭辯。批評時要含蓄、幽默，不傷對方自尊和顏面，

讓對方自己去察覺錯誤並予改正。

【案例】大教育家陶行知神奇的四塊糖

著名教育家陶行知在任校長時，有一次在校園裡偶然看到學生王友用小石塊丟別人，便當即制止了他，並令他放學後到校長室談話。

放學後，王友來到校長室準備挨罵。

可一見面，陶行知卻掏出一塊糖給他說：「這是給你的獎賞，因為你按時到這裡來，而我卻遲到了。」王友猶豫地接過糖，陶行知又掏出一塊糖放到他手裡說：「這塊糖也是獎勵你的，因為我教訓你不要丟石頭時，你馬上不丟了。」王友吃驚地瞪大眼睛，陶行知又掏出第三塊糖給王友說：「我查過了，你用小石塊丟那個同學，是因為他不守遊戲規則，欺負女同學。」王友立即感動地流著淚說自己不該丟同學。陶行知滿意地笑了，掏出第四塊糖遞過去說：「為你正確意識到自己的錯誤，再獎勵你一塊！我的糖發完了。」

多麼感人的一幕，學生打了人，陶先生沒有訓斥，沒有疾言厲色，更沒有打罵，而是藝術性地讓學生一步步完成了對自身錯誤的認知過程。他用四個糖塊讓學生了解了自己的錯誤，還挖掘了學生的四個優點：守時、尊敬師長、正義和勇於認錯。陶先生能夠化批評為表揚，因為他心中裝著愛。教育的本質就是愛。

【案例】原美國總統柯立芝的批評藝術

一九二三年，小約翰‧卡爾文‧柯立芝（John Calvin Coolidge, Jr.）登上了美國總統寶座。柯立芝有一位漂亮的女祕書，長得不錯，工作時卻經常出錯。

一天早上，祕書走進辦公室，柯立芝說：「今天，妳穿的這身衣服真漂亮，正適合妳這樣年輕漂亮的小姐。」

這幾句話讓祕書受寵若驚。柯立芝說：「但是，妳也不要驕傲，我相信，妳的公文也能處理得和妳一樣漂亮。」

從那天起，祕書在工作中很少出錯了。一位朋友知道了這件事，就問柯立芝：「這個方法很妙，你是怎麼想出來的？」

柯立芝說：「這很簡單，你看過理髮師怎麼替客人刮鬍子嗎？他要先塗肥皂水，為什麼呢？就是為了刮的時候不弄痛對方。」

一般情況下，都是上司責備下屬，也有下屬批評上司的，但這需要有高超的藝術和承擔風險的勇氣。有時，因被批評對象身分的特殊性，不便進行直接的批評，可採用借彼批此的手法，在不傷害被批評者自尊心的前提下，讓其自我感悟、自糾其錯。

5‧如何下達命令

命令在溝通這一層面就是由上級向下級發布權威性的指示。管理者的很多時間都是在對下屬進行管理，其中最普遍、

最常見的管理方式就是下命令。一個管理者每天可能要下很多命令，這些命令是下屬工作的方針和目標。實際上，下屬工作的好壞，在一定程度上與管理者下達命令的方法有關。例如，如果管理者無法讓下屬準確地明白其意圖，就很難想像下屬能圓滿地完成工作。

在下達命令時，要注意以下基本原則。

□　清楚

□　完整

□　簡明

□　自信

□　正確

管理者應對照這五個原則的要求，找出自己存在的問題，並積極進行改正。另外，你還可以制定一份簡單的調查表，讓下屬從這五個方面對你進行評分，從而找出自己的問題。這樣做可以增進你和下屬的合作關係。

管理者在下達命令的時候，應該注意以下幾個問題。

(1) 命令的必要性

例如，一個管理者在很忙的時候，突然有一件事情需要他處理，他認為這件事情不重要，於是就隨手安排給他的下屬去完成。但下屬對這件事情的來龍去脈並不清楚，為了完成工作，下屬需要不斷地向管理者詢問相關事項。管理者接受下屬

詢問的時間要比他親自處理這件事情需要的時間更長。實際上，這條命令就是一條沒有必要的命令。

在一項工作未明確之前，就安排下屬去進行相關工作，這種工作很可能就是無用的工作，相關的命令也是無用的命令。另外，有些管理者見不得下屬在工作時間沒有事情做，於是就安排一些沒有意義的工作讓員工不停地忙碌，這也是無用的命令。

當員工發現自己在執行沒有意義的命令時，會對管理者的管理能力產生懷疑，甚至對管理者本人產生反感。這些都會損害管理者在員工心目中的形象，從而降低管理者的管理影響力和穿透力。因此，管理者在下達命令之前，應當認真思考一下命令的必要性。

(2) 不要超越自己的權限

不要超越自己的權限主要是指兩個方面的權限：第一，不要對不屬於自己直接管理的下屬下命令。每個員工都有自己的直屬上級，你如果不是他的直屬上級，就不應該直接對他下命令。如果你確實需要該員工做一些工作，可以去找他的直屬上級，透過直屬上級來對他下命令。第二，不要對部門職責以外的事情下命令。每個部門都有自己的工作職責，你不應該命令自己的下屬去做其他部門職責中的事情。

（3）抓住要點

在下達命令時，管理者有必要向下屬全面介紹相關工作的情況，這樣有助於員工掌控全局，發揮工作的主動性，更加出色地完成任務。管理者必須抓住問題的要點，向下屬講明什麼是他要做的，要達到什麼樣的目的，否則，下屬會不清楚他具體負責什麼事情。

很多時候，其實管理者本人就沒弄清楚命令中的要點是什麼，所以他自然無法向下屬講清其中的要點。向下屬下命令之前，管理者首先要認真去思考各工作的要點，做到心中有數，這樣才能掌控全局、合理調度。

6‧向下溝通的建議

上級對下屬溝通，最好把「上下」的觀念變成「主伴」。要認為彼此之間只是出於辦事的需要，有主也有伴。主固然重要，伴也不可少。抱著「看得起下屬」的心情，也懷著「好花需要綠葉扶持」的期待，以關懷的口吻、關心的態度，加上開闊的心胸來善待下屬。其要領說明如下：

- □　多說實際的話，少說大話。很多人會說大話，卻不懂得說生動且貼切的實話。專業術語或深奧難懂的名詞，便是大話。常見而具有親切感的話，才夠生動、夠鮮明而富有感染力。

- □　不急著說，先聽聽下屬的意見。如非緊急狀況，上司應

該是最後說話的人，而不是一開始便做決定的人。這樣能夠養成下屬主動開口的好習慣，對溝通十分有利。

□ 不論人長短。當著甲的面說乙，又當著乙的面數落甲的缺點，大家都不喜歡這樣的上司，必定會在背後議論他。

□ 不要厲聲指責，以免傷了和氣，引起意氣之爭。萬一忍不住發火，要趕快設法「熄火」、「滅火」。

□ 廣開言路，接納意見。最要緊的是不要死不認錯，勇於向下屬認錯的上司更能得到下屬的信任。

□ 上對下溝通，下屬大多會主動禮讓三分，以示尊敬。

主管若能依據上述要領，通常可以上情下達，使下屬樂於接受。

7‧向下溝通小結

□ 多說「小話」，少說「大話」。

□ 不急著說，先聽聽看。

□ 不說長短，免傷和氣。

□ 廣開言路，接納意見。

□ 部屬有錯，私下規勸。

□ 態度和藹，語氣親切。

□ 若有過失，過後熄滅。

如何水平溝通

名言錄

子張學干祿，子曰：「多聞闕疑，慎言其餘，則寡尤；多見闕殆，慎行其餘，則寡悔。言寡尤，行寡悔，祿在其中矣。」

《論語》

子張學做官，孔子說：「多聽，不要說沒把握的話，即使有把握，說話也要謹慎，就能減少錯誤；多看，不要做沒把握的事，即使有把握，行動也要謹慎，則能減少後悔。說話少錯，行動少悔，就能當好官了。」

在組織中，中層管理者的作用非常重要。他們是組織縱向及橫向溝通的樞紐，有著承上啟下的作用。他們不僅要理解組織的使命、願景，還要將其傳達給基層的員工，並具體領導實施。因此，溝通能力也是中層管理者的一個很重要的技能。

1 · 解決水平溝通困難的方法

在組織裡部門之間的溝通有時感覺很難，其實上下級的溝通也不簡單，只不過這個難度有時被權力掩蓋了。而水平溝通的難點在於它失去了權力的強制性，要解決水平溝通的困難，可以從以下兩方面入手。

(1) 正確選擇溝通對象，與當事人溝通

經常在組織裡看到水平溝通當中最大的問題就是我不和你

談，你不和我談。例如，和財務部發生糾紛，卻向行政部、總辦主任或採購部抱怨，跟每個人都講，就是不和當事人講。因此，水平溝通首先要克服的最大的難題，就是要養成和當事人溝通的習慣。

（2）主動溝通

水平溝通有三種方式：

第一種是侵略的方式。組織裡有些資深人員，或與老闆有特殊關係的人員，有時候會採取這種方式，或者是權力部門對非權力部門採用這種方式，但大多數情況下，這種方式在部門之間是行不通的。

第二種是迴避的方式。你不吭聲，我也不吭聲，你找我辦事的時候，我就裝傻、裝糊塗。水平溝通裡大量的問題是因為彼此都裝作沒看見，採取迴避的方式，不利於解決問題。這種裝糊塗的結果很顯然，那就是組織的事情被耽誤了，組織受到了損失。

第三種是主動合作的方式，也是最積極解決問題的方式。這種方式自然最可取。

2‧需要水平溝通的情形

在一個組織裡，一般而言，以下三種情況需要水平溝通：

□ 你需要求助別的部門協助你的工作。

□ 其他部門尋求你所在部門的幫助。

　　□　跨部門的團隊工作關係。

【案例】人事主管的困惑

　　你的部門有項職缺，因為受到經濟不景氣的影響，公司人事部採取凍結的政策，於是透過內部應徵，你錄取了其他部門的一位同事，這位同事也符合人事部門所規定的內部調任條件。不料，該同事的主管卻以人力不足為由，向他要求暫緩此調動。因為這位同事目前所參與的專案正處於驗收成果階段，而他正是其中的關鍵人物。他的主管初步估算，至少還需要一個半月才能完成此專案。而你當然期望這項調任能越快完成越好，以便讓你部門的工作能順利安排。

　　當你從這位同事那裡得知此消息，便決定與他的部門主管談一談，那麼應如何展開協商？

　　如果你問我對水平溝通有何建議？兩個字 —— 合作。

　　合作可以把成功無限放大，自私狹隘只會毀掉前程。

【案例】魚竿和魚簍的故事千年傳唱，至今濤聲依舊

　　在南太平洋的澳洲，有一個魚竿和魚簍的故事廣為人知。

　　兩個年輕人外出旅行，因為迷路而越走越遠，到了一個人跡罕至的地方。這個地方距離最近的村鎮也有幾百公里。

　　正在絕望的時候，他們遇到了一個釣魚的老人。老人手裡拿著一個釣魚竿，魚簍裡有一些魚。他們立即向老人求救。老

人說：「從這裡出去走到有人煙的地方，至少有七天的路程，我手裡的兩樣東西分別送給你們，請你們自己想辦法度過難關吧！」

老人請他們自己選擇，要麼要魚簍裡的那些魚，要麼要釣魚竿。年齡較長的要了魚簍裡的魚，他說：「我沒有力氣去釣魚了，我就吃著這些魚回去吧。」他拿著魚簍就上路了。年輕人拿了釣魚竿後想：「有了釣魚竿就去有魚的地方釣魚，也沒有問題。」他很高興地從老人手裡接過魚竿就上路了。

幾天過去了，拿了魚簍的那個人把魚吃光了，但是他僅僅走了一半的路程，再要開始下一半路程的時候，他餓死在路上了。

拿了魚竿的人呢？他拿了釣魚竿以後就開始尋找能夠釣魚的地方。當他距離有魚的地方還有幾十公里的時候，他再也走不動了，最後也餓死在路上了。

很多年以後，又有兩個年輕人同樣因為迷路到了這個人跡罕至的地方。同樣，在他們山窮水盡的時候，遇到了一位老人，老人手裡還是兩樣東西，一樣是釣魚竿，另一樣是有一些魚的魚簍。他們向老人求救，老人依然是分別送給他們每人一樣東西以後就走了。

兩個年輕人是很要好的朋友。他們商量：我們不能分開，兩個人的力量和智慧肯定比一個人大，我們共同吃著這些魚，

然後尋找釣魚的地方，邊釣魚邊向有人煙的地方靠近就有救了。

果然，在魚簍裡的魚將要吃盡的時候，他們找到了釣魚的地方，他們一個上午就釣了很多魚。然後，他們把釣的魚晒成魚乾，繼續前行。不久又發現了釣魚的地方，他們又釣了很多魚。

十幾天以後，他們成功地從死亡之地突圍，回到了出發的地方。

澳洲人把這個故事作為他們民族的座右銘，告訴子孫後代，不論做什麼事情，都要精誠合作，而不要自私狹隘。

3・對水平溝通的建議

- □　主動與對方溝通。
- □　在不侵害其他部門權利的前提下，勇於維護本部門權利。
- □　直接、真誠、恰當地表達。
- □　尊重別人的行為。
- □　按公司「遊戲規則」辦事。
- □　尋求雙贏的解決方法。

4・水平溝通小結

- □　彼此尊重，先從自己做起。
- □　知己知彼，創造良好形象。
- □　易地而處，站在彼的立場。

□ 平等互惠，不讓對方吃虧。

□ 了解情況，選用合適方式。

□ 依據情報，掌握適當時機。

□ 如有誤會，誠心化解障礙。

請寫下您的感悟或者即將付諸實踐的計畫：

_____

_____

_____

第六章　跨部門溝通與協同

我們需要先來研究一下管理的基本問題，就是在管理中誰需要我們管理。很多管理者的誤區是：我的下屬及團隊。下屬及團隊只是管理者需要管理的維度之一，真正的管理包括以下五個維度。

- □　向上管理 —— 管理上司。
- □　向下管理 —— 管理下屬及管理團隊。
- □　平行管理 —— 管理別的部門。
- □　向外管理 —— 管理客戶及外部利益相關者。
- □　向內管理 —— 自我管理。

管好自己是管理的起點，管好下屬及團隊是管理的重點，管好平行同事和上司是管理的難點，管好客戶與外部利益相關者是管理的亮點。

除了向內的自我管理，其他四個維度都有可能跨越不同部門、不同組織。因此，跨部門溝通與協同已經成為一個不可或缺的重要管理手段。

這樣我們就應該以多維的視角來看待管理，隨著時代的發展，分工與合作越來越精細，就越來越需要跨部門、跨地區、跨國界、跨領域、跨學科等跨界的溝通與協同，才能更好地達成目標。

不少的管理書這樣定義「跨部門溝通與協同」：「指在同一組織內不同的部門與部門之間的溝通與協同」。我一直認為，把

跨部門溝通與協同限制在同一組織內不同部門與部門之間的溝通與協同是不夠的。

本章「跨部門溝通與協同」的討論建立在「為了達成一個目標，需要在同一組織或者不同組織之間溝通與協同」的基礎上，這樣更符合時代與現實的需求。

跨部門溝通與協同的八大方法

實踐溝通協同理念，形成團隊合作

一九三〇年代，全球最大、最強的汽車製造企業是美國的通用汽車公司，而到了一九八〇年代，日本的汽車已經成功打入美國市場。日本汽車企業的成功，靠的是團隊合作，也就是團隊溝通協同做得好。

企業生產的產品一般經過市場行銷、產品設計、成本核算、生產製造、銷售、售後服務等環節。美國的汽車製造企業是按照流程從市場行銷開始，一直到售後服務來開展業務，一般需要五年時間形成一個週期。而日本企業透過團隊溝通協同，從市場行銷開始，各個部門共同參與，一般只需要十八個月就形成一個週期。日本企業在一九八〇年代利用能源危機這一契機，成功占領了美國的汽車市場。

看來這個時期日本人在汽車製造業領域跨部門溝通與協同

的能力優於美國，從而最終贏得了占領市場的優勢能力。

以客戶為導向的服務協同

某知名企業董事長在致辭中談到：「我們的危機來自市場、技術、客戶和行業的快速變化，我們最大的挑戰來自內部的協同。」內部協同的機理是整合、協同內部資源向外部獲取資源，以便更好地服務客戶的協同行為。

最為重要是以客戶為導向的服務協同。

服務協同就是對應的部門屬於市場的上下游，前一環節向後一環節提出需求，後一環節向前一環節提供服務，下一道程序是客戶，由此形成服務協同關係。

【案例】一個電力部門的服務協同（見圖 6-1）

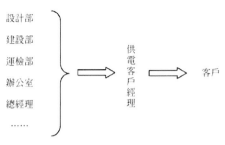

圖 6-1　一個電力部門的服務協同

整理模糊地帶，使組織各個部門職責清晰明確

在任何一個組織中，無論職責權限怎樣劃分，一定存在一些「灰色地帶」，類似於幾個圓相交的部分。若要各部門各司其責，就必須使其責清晰、明確，各部門責任之間不交叉、不重疊，這樣才能減少相互踢皮球，如圖 6-2 所示。

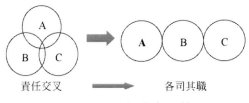

圖 6-2　責任交叉與各司其職

【案例】南航 CZ6101 生死間，一個記者有話想對你們說

二○一五年十一月二十二日，一位記者在網路發文，稱自己在南航航班飛行途中突發惡疾生命垂危，但飛機停靠近五十分鐘後才打開艙門將其送醫。

「我痛得跪在第一排地上，沒人扶我。在我身後，救護車醫生和空姐以及機長吵成一團，互相埋怨著誰該把我送下飛機，誰該負責。

醫生：你們就應該把乘客送下去。

南航：叫你們是來幹嘛的？你們不抬誰抬？

醫生：外面旋梯全是冰，摔著了算誰的？

南航：那你們說怎麼辦，叫升降機起碼還得半小時。你們

救護車太不負責任了。

醫生：我們不負責任？這些事就不是我們的事。」

【點評】

南航事後到該客人家裡表達了歉意和問候，這一做法值得肯定。但今後再次出現這樣的事情該由誰來負責？世界民航史上這類事情肯定不是第一次發生，歐美國家遇到這種情況會怎麼做？有先例可以參考嗎？相關管理部門在這樣情況下該如何界定航空公司和救護部門的職責？兩家當事部門在職責不清的情況下，是否應該有「以人為本、救人要緊」的服務理念？他們事後檢討了沒有、溝通協同了沒有？

如果不清晰界定他們的職責，這類事情將來還會發生。

對整理職責模糊地帶的建議：

- □ 對每一次出現的職責模糊地帶，應該由指定的部門登記報給它們的共同上級部門，研究釐清職責，界定職責，下次不可以再重複出現。
- □ 在跨部門協調會議上，由上級部門對職責不清的地帶給予明確歸屬。

形成利益共享的組織共同目標

毋庸置疑，各部門間同時存在合作與競爭關係。部門間若想進行建設性的溝通，一定要強調彼此的合作關係，合作的關

鍵在於擁有共同目標，共同目標之下往往會有共同的利益，因為擁有共同利益，合作會更加鞏固。

因此，盡量去創造一個橫跨各部門的共同目標，然後一起努力，就算有爭執和衝突也屬於正常。因為，就如蘋果電腦創辦人賈伯斯所言：「如果每個人都要去舊金山，那麼，花許多時間爭執走哪條路並不是問題。但如果有人要去舊金山，有人要去聖地牙哥，這樣的爭執就很浪費時間了。」在跨部門溝通中，達成一致的目標需要弄清楚以下三個問題。

□ 雙方的共同目標是什麼？

□ 有什麼阻礙雙方合作？

□ 創造共同目標的資源是什麼？

內外勤、一線和後勤為什麼常常踢皮球，除了觀念、態度、流程、制度設計外，在涉及利益時很少兼顧彼此的公平，於是妒忌、拒絕合作就自然產生了。

以專案運作來打破部門界限，
減少跨部門溝通協同的成本

專案是為了提供一個獨特的產品或服務而暫時承擔的任務。專案的特徵是臨時性和唯一性。專案具有清晰的目標導向，要求組織內的成員必須彼此合作完成相關活動。

這樣就需要打破原來的組織，以更新、更靈活的組織形式

來達成目標，以減少和降低跨部門溝通的成本，進而提高組織
運作的效率。

　　最為重要的就是實現從「停頓型組織」向「變動型組織」過
渡，如圖6-3和圖6-4所示。

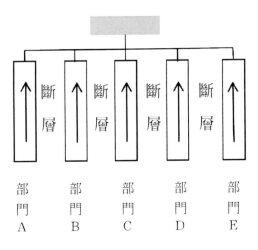

圖 6-3　停頓型組織

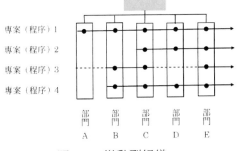

圖 6-4　變動型組織

開好跨部門高效會議

如何有效開好一個會議的要領與原則，同樣適應於召開跨部門會議上，這裡不再贅述。

這裡要特別強調開好跨部門會議的兩個關鍵點：

☐ 聚焦在涉及跨部門需要討論的目標上。

☐ 聚焦在建設性的改善和建議上。

☐ 召開跨部門會議時要特別注意以下方面：

☐ 換位思考。

☐ 不爭執，不爭辯，不踢皮球。

☐ 嚴禁看笑話式、告狀式、指責式表達，不許指責和批評其他部門，只找自己的原因，並且必須提出改善的建議。

下面這些溝通語言具有同理心，能夠緩解跨部門會議中的衝突，達成和解。

☐ 我認同張經理的觀點或許就像張經理所說的那樣。

☐ 你說得很有道理。

☐ 你的建議、看法太重要了，我怎麼沒想到。

☐ 我很理解你的心情。

☐ 你也是為我好，你覺得我能為你做些什麼？

☐ 要想最好、最快地解決這個問題，你的建議是？

搭建跨部門溝通協同的橋梁

人只有不斷地互相接觸才能更好地溝通協同，進而互相理解、合作，這就需要為跨部門的溝通協同建立起一個橋梁。哪些橋梁有助於跨部門溝通協同呢？

搭建起跨部門溝通協同橋梁的方法有以下幾種：

（1）組織面對面溝通

面對面坦誠溝通，更有利於解決問題。面對複雜的問題、多邊的問題，面對面溝通幾乎成了唯一的選擇。面對面溝通有助於我們利用口頭語言、肢體語言等多種方式把問題闡述得更清楚，而且可以得到及時準確的回饋，因此比較容易解決問題。這是電話、電子郵件、LINE 等溝通方式難以做到的。

面對面溝通的雙方直接接觸，互相能看到、聽到、感覺到，因此作用更持久、影響更深遠，這就是當面誇獎讓人振奮、當面斥責讓人更氣憤的原因。對於想法和情感上的交流，面對面的溝通方式更合適，面對面溝通更有利於解決問題。

（2）召開跨部門協調會

涉及同一組織不同部門或者不同組織的問題，就需要召開跨部門協調會議，以目標為導向來開會，如果由這些組織的主管部門或者上級部門來帶頭召開，問題就會更容易解決。

(3) 開展團隊拓展訓練

下面是一個參加過團隊拓展訓練的人寫下的心得。

二〇一六年一月十五至十六日，公司全體員工參加了為期兩天的團隊拓展訓練，讓我感悟良多。

我們的組員都是來自公司各個部門，平常在公司都是分管不同的工作，同事之間來往比較少，彼此的了解也很少。這次活動雖然只有短短兩天，可比我們在一起工作一年交流的還要多，我發現我周圍的同事原來都這麼優秀，我們所組成的團隊是這樣的優秀。「信任背摔」就是一個要求每個組員對小組其他成員非常信任才能順利完成的任務。當雙手被綁，向後仰倒前，心理上最大的恐懼是對身後情況的一無所知，當我聽到後面的組員整齊、響亮的「我們支持你」的呼喊時，心裡非常的放鬆，堅決、放心地摔了下去，這一動作飽含著我對組員們的信任，以及組員給我的莫大的鼓勵。

當所有人參加過這個訓練之後，我真的感受到了團隊合作精神的偉大，同時更增加了同事之間互相信任的程度。若缺乏對組員的信心，怎麼敢在兩公尺的高臺上向後倒下呢？「穿越高壓電網」、「翻越逃生牆」，這些專案都必須依靠團隊的齊心協力才能完成。團隊精神的重要性以這種簡單明瞭的方式清晰呈現於每個人的面前。它在我們每位組員的心底重重刻下了一筆團隊合作精神的印跡。今後面對本部門合作、跨部門溝通協同

更當盡心盡力、全力以赴。

至今我依然覺得，開展團隊拓展活動是促進跨部門溝通協同的最好方式。

建立相互溝通的內部網路，讓彼此對部門工作資訊有更多的了解，舉辦跨部門團隊藝文活動等都有助於跨部門溝通協同。

此外還有匯報、指示、申訴、電子意見箱、公司內部網等，也是跨部門溝通協同的重要橋梁。

【案例】跨部門溝通不力，損失三億歐元成悲劇

二〇〇八年九月十五日上午十點，擁有一百五十八年歷史的美國第四大投資銀行 —— 雷曼兄弟公司向法院申請破產保護，消息瞬間傳遍地球的各個角落。

令人匪夷所思的是，在如此明朗的情況下，德國復興信貸銀行（KFW）於當日上午十點十分，居然按照外匯掉期協議的交易，透過電腦自動付款系統向雷曼兄弟公司即將凍結的銀行帳戶轉入了三億歐元。毫無疑問，三億歐元將是「肉包子打狗，有去無回」。

轉帳風波曝光後，德國社會輿論譁然。國內銷量最大的《圖片報》在九月十八日頭版的標題中，指責復興信貸銀行是迄今為止「德國最愚蠢的銀行」。

以下是法律事務所調查員向國會和財政部遞交的一份調查報告中的記載，它可以告訴我們在短暫而又關鍵的十分鐘內，

復興信貸銀行相關部門的人員都是怎麼想，又是怎麼做的。

執行長烏立克・施羅德（Ulrich Schroeder）：「我知道今天要按照協議約定轉帳，至於是否撤銷這筆巨額交易，應該讓董事會討論決定。」

董事長保魯斯：「我們還沒有得到風險評估報告，無法及時做出正確的決策。」

董事長祕書史里芬：「我打電話給國際業務部催要風險評估報告，可那裡總是占線，我想還是等一下再打吧。」

國際業務部經理克魯克：「星期五晚上準備帶上全家人聽音樂會，我得提前打電話預訂門票。」

國際業務部副經理伊梅爾曼：「忙於其他事，沒時間去關心雷曼兄弟公司的消息。」

負責處理與雷曼兄弟公司業務的高級經理希特霍芬：「我讓職員上網瀏覽新聞，一旦有雷曼兄弟公司的消息就立即報告，現在我要去休息室喝杯咖啡了。」

職員施特魯克：「上午十點零三分，我在網路上看到了雷曼兄弟公司向法院申請破產保護的新聞，馬上就跑到希特霍芬的辦公室，可他不在，我就寫了張便條放在辦公桌上，他回來後會看到的。」

結算部經理德爾布・呂克：「今天是協議規定的交易日期，我沒有接到停止交易的指令，那就按照原計畫轉帳吧！」

結算部自動付款系統操作員曼斯坦因：「德爾布‧呂克讓我執行轉帳操作，我什麼也沒問就做了。」

信貸部經理莫德爾：「我在走廊裡碰到了施特魯克，他告訴我雷曼兄弟公司破產的消息，但是我相信希特霍芬和其他職員的專業素養，一定不會犯低級錯誤，因此也沒必要提醒他們。」

公關部經理貝克：「雷曼兄弟公司破產已成定局，我想跟烏立克‧施羅德談談這件事，但上午要會見幾個克羅埃西亞客人，等下我再找他也不遲，反正不差這幾個小時。」

【點評】

這是一個震驚全球的事件。對這個案例的解讀見仁見智，但有幾點是可以肯定的：

一是對一件突如其來的事情，在組織內部沒有建立起應急的溝通協同的機制，或者有這樣的機制但並沒有很好地執行。

二是在跨部門溝通協同中，出現了不負責任的情況，資訊並沒有完整地在溝通雙方間流動起來。如「職員施特魯克：上午十點零三分，我在網路上看到了雷曼兄弟公司向法院申請破產保護的新聞，馬上就跑到希特霍芬的辦公室，可他不在，我就寫了張便條放在辦公桌上，他回來後會看到的。」他認為寫了便條就是溝通，但沒想到對方並沒有接到這個便條。

每一個資訊，在每一個溝通中只差一點點，溝通的資訊鏈條就被模糊了，資訊就無法完整流動了，悲劇就不可避免了。

讓自己成為溝通與協同的主動者

在跨部門溝通時多一份主動合作，要在跨部門「人際情感銀行」裡「多情感存款，少情感提款，不惡意透支」。

在人性上我們要有基本的判斷，絕大部分人能夠投桃送李的，就是說你主動並積極協助他人，就在他人的「人際情感銀行」存了一筆未來可以支取的存款，在你需要他人幫助時，他人的積極性會更高。

情感存款方式：

□ 主動經常協助跨部門工作。

□ 對跨部門的良好表現給予讚揚。

□ 為他人著想的善良。

【案例】寒風中送你一程

A 部門經理張宇加班到晚上十一點，遇到 B 部門的新員工劉明，張宇熱情地與劉明打招呼，並關心地詢問了劉明的工作和生活情況。當他知道劉明所住的地方有一段與自己同方向，就順路載了劉明一程，在寒風中等劉明叫到計程車才離開。這事情讓劉明十分感動。從此劉明配合 A 部門的工作總是十分積極，熱情投入。

【案例】我住院時，你只問上班事嗎

A 部門的員工李元住院了，由於李元的工作與 B 部門有

關聯，B 部門的葉翔經理在李元住院期間打了多次電話，只問李元什麼時候能夠來上班，對李元的病情隻字不提，這讓李元很寒心。

前一案例是在「人際情感銀行」裡「存款」，後一案例是在「人際情感銀行」裡提款。最為糟糕的是「惡意透支」。

惡意透支方式有以下幾種：

- 對跨部門的求助冷漠、置之不理。
- 告跨部門的「黑狀」。
- 說跨部門的壞話。

【案例】陳經理的「黑狀」傷我心

行銷部門的陳經理需要市場部門的林經理提供一份重要資料，當時林經理手頭正在忙自己的一個重要工作，說忙完自己手上工作才能提供。陳經理就到李副總經理那「告」了林經理不配合自己的工作、不提供資料的「黑狀」，導致林經理被嚴厲責備。林經理在李副總的指責下，雖然馬上提供了資料，但對陳經理的「告黑狀」大為不滿，致使兩部門形同水火，合作越來越難。

總之，跨部門溝通協同，要多一分共識，少一分本位；多一分利他，少一分唯己；多一分肯定，少一分否定；多一分善解，少一分情緒。

請寫下您的感悟或者即將付諸實踐的計畫：

附錄 A　溝通的格言警句

一、中國傳統文化論溝通的哲思智語

談經濟外，寧談藝術，可以給用。

談日用外，寧談山水，可以息機。

談心性外，寧談因果，可以勸善。

困天下之智者，不在智而在愚；

窮天下之辯者，不在辯而在訥；

伏天下之勇者，不在勇而在怯。

何以息謗？曰：無辯。

何以止怨？曰：不爭。

人之謗我也，與其能辯，不如能容。

人之侮我也，與其能防，不如能化。

處事需留餘地，責善切戒盡言。

修己以清心為要，涉世以慎言為先。

惡莫大於縱己之欲，禍莫大於言人之非。

使人有面前之譽，不若使人無背後之毀。

言語知節，則愆尤少。

喜時說盡知心，到失歡須防發泄；

惱時說盡傷心，恐再好自覺羞慚。

對痴人莫說夢話，防所誤也。

見短人莫說矮話，避所忌也。

面諛之詞，有識者未必悅心；

背後之議，受憾者常若刻骨。

是非窩裡，人用口，我用耳。

言語之惡，莫大於遭誣。

—— 金纓《格言聯璧》

以利相交，利盡則交疏；以勢相交，勢傾則交絕；以色相交，華落而愛渝；以道相交，天荒而地老。

—— 《戰國策》

我有功於人不可念，而過則不可不念；

人有恩於我不可忘，而怨則不可不忘。

—— 《菜根譚》

二、古今中外名人論溝通的妙思睿語

世事洞明皆學問，人情練達即文章。

—— 清·曹雪芹《紅樓夢》

銳氣藏於胸，和氣浮於臉，才氣見於事，義氣施於人。

—— 曾國藩

191

揚善於公堂，規過於私室。

—— 曾國藩

造物所忌者巧，萬類相感者誠。

—— 著名書法家于右任

為受窘的人說解圍的話，
為沮喪的人說鼓勵的話，
為迷茫的人說點醒的話，
為無助的人說支持的話。

—— 星雲大師

談話和作文一樣，有主題，有腹稿，有層次，有頭尾，不可語無倫次。

—— 梁實秋

不願說理是固執，不會說理是傻瓜，不敢說理是奴隸。

—— 英國工程師杜格爾德·德拉蒙德（Dugald Drummond）

傾聽對方的任何一種意見或議論就是尊重，因為這說明我們認為對方有卓見、口才和聰明機智；反之，打瞌睡、走開或者亂扯就是輕視。

—— 英國哲學家湯瑪斯·霍布斯（Thomas Hobbes）

三、無名大眾論溝通的深思錦語

做到和諧與尊重有三十二字：

禮貌為上，與人為善，以誠相待，善聽人言。

善解人意，敬重貴人，禮待小人，恩惠下屬。

對上以敬，對下以慈；對人以和，對事以真。

溝通的基本前提是真誠，

溝通的基本問題是心態，

溝通的基本原理是關懷，

溝通的基本要求是主動。

與老人溝通不要忘了他的自尊；

與男人溝通不要忘了他的面子；

與女人溝通不要忘了她的情緒；

與上級溝通不要忘了他的尊嚴；

與年輕人溝通不要忘了他的直接；

與兒童溝通不要忘了他的天真。

附錄 B　溝通表單與遊戲設計

表單一　溝通不良的原因在哪裡

透過這一應用，幫助分析身邊發生的溝通不順暢事件的原因。

請回憶一下，在你任經理以後所遇到的溝通最為不順暢的一件事，描述一下經過。

這件事造成的後果如何？

作為當事人，你認為造成此次不良溝通的原因是什麼？

結合這個事件，你認為在你們公司裡，造成溝通不良的最主要的三個原因是什麼？（排序）

表單二　不良表達的改進計畫

良好的表達是良好溝通的第一步，而不良的表達是不良溝通的第一步。本練習目的在於幫助你克服和改進在表達中的不足，如表 B-1 所示。

表 B-1　不良表達改進計畫

你認為自己的不良表達表現在	改進的措施
不良表達 1：	
不良表達 2：	
不良表達 3：	

表單三　傾聽改善計畫

你是一個善於傾聽的經理人嗎？如果你不大善於傾聽的話，請立即制定行動計畫，以期有所改善。

1·阻礙你積極傾聽別人意見的主要因素是什麼？（請在選項前打鉤）

□ 沒有時間　　　　　□ 環境干擾　　　　　□ 先入為主

□ 急於表達　　　□ 自以為聽懂了　　　□ 不專心
□ 排斥不同意見　□ 打從心底不重視

2·你認為在以下積極傾聽的技巧中，哪些是你需要學習的？

□ 集中精力　　　□ 開放的姿態　　　□ 積極預期
□ 鼓勵　　　　　□ 恰當的身體語言　□ 排除「情緒」
□ 積極回應　　　□ 理解真義　　　　□ 學會發問

3·針對你在傾聽方面的缺乏之處，制定改善的行動計畫。

4·傾聽改善計畫：

　　(1) 可改善之處有 ＿＿＿＿＿＿＿＿＿＿＿＿＿＿＿＿＿＿

　　(2) 你期望透過改善計畫達到 ＿＿＿＿＿＿＿＿＿＿＿＿

　　(3) 你的措施有 ＿＿＿＿＿＿＿＿＿＿＿＿＿＿＿＿＿＿＿

表單四　正確發問練習

以下練習請各列舉三個例句。

1·「開放式發問」練習

2·「清單式發問」練習

3·「假設式發問」練習

4·「重複式發問」練習

5·「激勵式發問」練習

6·「封閉式發問」練習

表單五　回饋技巧訓練

透過本訓練，強化中層管理者積極給予回饋和積極尋求回饋的技巧。

給予回饋

請在最近與下屬的溝通中，採用本書中所介紹的幾種技巧，在每次給予回饋之後做如下紀錄。

1・第一次

採用的技巧：	效果評估：

2・第二次

採用的技巧：	效果評估：

3・第三次

採用的技巧：	效果評估：

尋求回饋

請在最近與其他部門的溝通中，採用本書中所介紹的幾種技巧，在每次尋求回饋之後做如下紀錄。

1・第一次

採用的技巧：	效果評估：

2・第二次

採用的技巧：	效果評估：

3‧第三次

採用的技巧：	效果評估：

表單六　尋找與上司溝通的障礙

透過下面這個練習，找出與上司溝通中最主要的障礙。

請舉出一個與上司溝通失敗的案例。（描述經過）

你認為失敗的溝通中來自上司的障礙有哪些？（列出前三個即可）

障礙１：

障礙２：

障礙３：

你認為這次溝通失敗中，來自你自身的障礙有哪些？（列出前三個即可）

障礙１：

障礙２：

障礙３：

表單七　「匯報」改進計畫

匯報，作為幾乎天天發生在身邊的溝通方式，任何改進都將會提高你的工作效率。如何改進向上司匯報的溝通效率呢？

請對現在的匯報工作方式加以描述性的評估。

1. 你的匯報通常是怎樣進行的？

2. 匯報時存在哪些缺陷？

3. 改進計畫：

    (1) 期望改進之處

    (2) 期望達到的目標

    (3) 改進的措施

4. 用一個月的時間改進計畫結果之後：

    (1) 達到預期的目標了嗎？（「匯報」改進了哪些方面？）

    (2) 還有哪些未能改進之處？

    (3) 下一步的改進計畫。

表單八　水平溝通的積極方式訓練

透過訓練，強化在溝通中已有的積極方式，改進其中的不足之處。

　　能舉出一個你運用積極方式與其他部門經理溝通的案例嗎？請描述一下經過。

　　結合本書中的內容總結一下，在這次溝通中，你的積極之處有：

1.

2.

3.

4.

5.

　　假如再遇到此類溝通，你認為怎樣可以做得更好？

　　請在最近的一次水平溝通中採用以前沒有用過的積極方式，並記錄如下。

1.	
2.	
3.	

表單九　下達命令訓練

由於你是一個主管，所以幾乎每天都向下屬們下達命令（指示）。其中的矛盾是：為了工作，你必須下達命令。而別人，即使是下屬，誰也不願意被呼來喝去。那麼怎樣下達命令呢？請你邀兩三位下屬，與你形成一個訓練小組，幫助你進行訓練。

由你的下屬們扮演你的上司，由你扮演下屬，然後請他們以各種方式向你下達命令。透過討論，評出三種較好的命令方式和三種較糟的命令方式。

較好的命令方式	較糟的命令方式
1：	1：
2：	2：
3：	3：

其中的哪幾種命令方式是你經常用的？

命令方式1：	要點1：
命令方式2：	要點2：
命令方式3：	要點3：

請你做出承諾，今後用較好的幾種方式下達命令，起碼承

諾不再用討論中大家認為最糟的命令方式。

表單十　如何推銷你的建議

你經常推銷建議嗎？如果不，請多做幾次下面的行動單。

你又有了一個好建議？趕快寫下來，你準備向誰「推銷」？

制定一個推銷計畫 ——

(1) 目標。

(2) 推銷方式。

(3) 時間、地點。

你成功了嗎？請描述經過。

請描述你推銷的成功之處和不成功之處。

經過這次推銷，你一定有不少體會，你將在哪些方面改進你的「推銷」？

溝通能力測試

中層管理者有一半的時間用於與他人溝通，而有一半的障礙是溝通不良引起的。那麼，你的溝通能力如何呢？請回答以下問題。

1. 你是否經常：（選擇你認為經常做的事）

    A·召集部門會議，既討論工作問題，又探討一些大家共同感興趣的問題

    B·鼓勵員工積極關心公司事務，請他們踴躍提問題、出主意、想辦法，集思廣益

    C·提倡同事之間的密切合作與交流

    D·鼓勵部下暢談未來並幫助他們為自己設計

    E·召集「群英會」，請員工為公司出謀劃策

2. 你是否：（選擇幾項你認為有的情況）

    A·將工作計畫分發到每位部下手中

    B·定期與每位部下談話，討論其工作進展情況

    C·每年至少召開一次總結會，表揚先進，鞭策後進，同時廣泛徵求眾人意見，讓大家暢所欲言

    D·為了製造一種輕鬆愉快的氣氛，使大家暢所欲言，而把會議地點安排在飯店等地方

    E·盡量少下達書面指示，多與部下直接交流

    F·平易近人，與下屬打成一片

G‧當公司內出現人事、策略和工作流程的重大調整時，及時召集部下開會，解釋調整的原因及這些調整對他們今後工作的影響

H‧當你聽說某位部下因毫無根據的謠言而苦惱後，你會立即召開會議闢謠

I‧喜歡在總公司辦公會上將本部門工作進展公布於眾，以求得其他部門的合作和支持

J‧常在部門內組成合作小組，提倡團結奮鬥精神

3. 如果某位與你競爭最激烈的同事向你借一本經營管理暢銷書，你會：

A‧立即借給他

B‧同意借給他，但聲明此書無用

C‧告訴他書遺忘在其他地方了

4. 如果某位同事為方便自己出去旅遊而要求與你調換休假時間，在你還未決定如何度假的情況下，你會：

A‧馬上答應

B‧告訴他要回家請示另一半／家人

C‧拒絕調換，說自己已經參加旅行團了

5. 如果某位同事在準備下班時請求你留下來聽他「傾吐苦水」，而家人正在等你吃晚飯，你會：

A‧立即同意

B‧勸他第二天再說

C‧以家人生病為理由拒絕他的請求

6. 在一個公司首腦級會議上你正在宣讀一項提案，當你講到關鍵部分時，一位祕書走進來向一位與會者請示工作，你會：

A‧對大家說：「××先生有點急事處理，我們等他一下再繼續講。」

B‧只當作什麼都沒有發生，繼續往下講

C‧停止講話，面顯怒色

7. 在會議中請大家提問時，一位提問者的問題顯然表示他漏掉了你談話中最重要的部分，你會：

A‧為自己未將這個問題講清楚而表示歉意

B‧等他把話講完，再把那部分內容重複一遍，解除他的疑慮

C‧打斷他的話，指出這個問題已經解釋過了，不過你樂意重複一遍

8. 開會時，聽眾中某位地位高於你的人士強烈抨擊你的提案，你會：

A‧針鋒相對，反戈一擊

B‧立即打退堂鼓，承認自己的提案中確實有不妥之處

C‧保持冷靜，盡可能在某些方面與他取得一致

9. 在參加社交活動時：（在每一選項後回答「是」或「否」）

　　A‧你喜歡廣結各行業的朋友嗎？

　　B‧你喜歡當大型公共活動的召集人嗎？

　　C‧你願意當會議主持人嗎？

　　D‧你介意在公司的團體活動中扮演逗人笑的丑角嗎？

　　E‧你與人談話時喜歡掌握話題的主動權嗎？

　　F‧你希望員工對你畢恭畢敬嗎？

計分標準：

第1、2題：計算共選擇了多少項，每選一項得1分

第3～6題：A‧10分　B‧5分　C‧0分

第7題：A‧0分　B‧10分　C‧5分

第8題：A‧0分　B‧0分　C‧10分

第9題：與下列答案一致的，每項得1分：

A‧是　B‧是　C‧是　D‧否　E‧是　F‧否

得分解釋：

將所有題的分數累加起來，分數在

65～80分：無論你是老闆、同事還是下級，你都表現得非常好，在各種社交場合都表現得大方得體，你待人真誠友善，不狂妄虛偽。在原則問題上，你既善於堅持並推銷自己的主張，同時還能爭取和團結各種力量。你自信心強，部下也信

任你，整個部門中充滿著團結合作的氣氛。

45～60分：你的交流能力較強，在大多數社交活動中表現出色，只是有時缺乏自信心。你還需加強學習與鍛鍊，以提高溝通交際能力，讓自己更上一層樓。

25～30分：由於你不夠重視交流能力，同時也缺乏足夠的自信心，導致你距優秀管理者尚有一段距離。要知道，作為一名經營管理者，有責任主動將資訊傳達給部下，不應讓部下千方百計去尋找資訊。你應該以輕鬆、熱情的態度來進行交流，應把自己視為一個生活幸福、工作有成就的人，同時，對別人也不可存在任何偏見。經常與人交流，取長補短，改變你拘謹封閉的管理行為，使你和你的部下充滿活力和熱情，是非常有益處的。

記住：交流能力是成功的保證和晉升的階梯。

遊戲　單向交流和雙向交流

形式：全體學員

時間：十到二十分鐘

材料：將圖 B-1 所示的內容製成 PPT，投影機

場地：教室

活動目的：

1. 講師在課前準備如圖 B-1 所示的圖示。在課堂上請一

位學員上講臺協助進行遊戲，告訴大家，這位學員將
向他們描述這張紙上所畫的內容，然後請大家根據他
的描述將該圖示畫出來。

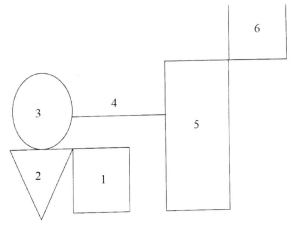

圖 B-1　遊戲圖示

2. 給上臺的學員圖示。請他背向大家站立以避免任何目
   光接觸。他只能做口頭表述，不可以用任何姿勢或其
   他手勢。而且，其他學員也不可以提問。簡言之，只
   能進行單向交流。

3. 遊戲結束後，將正確的圖示用投影儀打出來給大家
   看，對比每位學員所畫的，看是否相似。

4. 如果時間允許，可以馬上請另一位學員上來進行相似
   的遊戲，但允許進行雙向交流。

相關討論：

1. 我們在只能靠聽來進行交流時，是否會感到困惑？
   為什麼？

2. 為什麼單向交流很難進行？

3. 即使雙向交流有時也不能保證徹底的理解，這種情況
   下可以採用哪些方法使交流變得更為有效？

自檢　你留給人的第一印象如何

1. 與人初次會面，經過一番交談，你能對他（她）的舉止
   談吐、知識能力等方面做出正面、準確的評價嗎？

   A · 不能

   B · 很難說

   C · 我想可以

2. 你和別人告別時，下次相會的時間地點：

   A · 由對方提出

   B · 誰也沒有提這事

   C · 我提議的

3. 當你第一次見到某個人，你的表情：

   A · 熱情誠懇，自然大方

   B · 大大咧咧，漫不經心

   C · 緊張局促，羞怯不安

4. 你是否在寒暄之後，很快就找到雙方共同感興趣的話題？

A・是的，對此我很敏銳

B・我覺得這很難

C・必須經過較長一段時間才能找到

5. 你與人談話時的通常坐姿：

A・兩膝靠攏

B・兩腿叉開

C・蹺起「二郎腿」

6. 你與他（她）談話時，眼睛望著何處？

A・直視對方的眼睛

B・看著其他的東西或人

C・盯著自己的鈕釦，不停地玩弄

7. 你選擇的交談話題：

A・兩人都喜歡的

B・對方所感興趣的

C・自己所熱衷的

8. 透過第一次交談，你們分別所占用的時間：

A・差不多

B・他多我少

C・我多於他

9. 會面時你說話的音量總是：

　　A · 很低，以致別人聽得較困難

　　B · 柔和而低沉

　　C · 聲音高亢熱情

10. 你說話時姿態是否豐富？

　　A · 偶爾做些手勢

　　B · 從不指手畫腳

　　C · 常用姿勢補充言語表達

11. 你講話的速度怎麼樣？

　　A · 頻率相當高

　　B · 十分緩慢

　　C · 節律適中

12. 假若別人談到了你興趣索然的話題，你將如何反應？

　　A · 打斷別人，另起一題

　　B · 顯得沉悶、忍耐

　　C · 仍然認真聽，從中尋找樂趣

評分標準如表 B-2 所示。

表 B-2　評分標準

題目	選項 A 得分	選項 B 得分	選項 C 得分
1	1	3	5
2	3	1	5
3	5	1	3

4	5	1	3
5	5	1	3
6	5	1	3
7	3	5	1
8	3	5	1
9	3	5	1
10	3	5	1
11	1	3	5
12	1	3	5
	合計：	合計：	合計：

說明：

將所有題的得分累加起來，分數為 0 ～ 22：初始效應差。也許你感到吃驚，因為很可能你只是依著自己的習慣行事而已。你本是很願意給別人一個美好印象的，可是你的不經心或缺乏體貼，或言語無趣，無形中讓他人做出關於你的錯誤的勾勒。必須記住交往是一種藝術，而藝術是不能不修邊幅的。

分數為 23 ～ 46：初始效應一般。你的表現中存在著某些令人愉快的成分，但同時又有不夠精彩之處，這使得別人雖不會對你印象惡劣，卻也不會產生很強的吸引力。如果你希望提高自己的魅力，首先必須在心理上重視，努力在「交鋒」的第一回合顯示出最佳形象。

分數為 47 ～ 60：初始效應好。你的適度、溫和、合作給第一次見到你的人留下了深刻的印象。無論對方是你工作範圍

抑或私人生活中的接觸者，無疑他們都有與你進一步接觸的意願。你的問題只在於要注意那些單向地對你「一見鍾情」者。

電子書購買

國家圖書館出版品預行編目資料

雙向溝通：沒有回饋的資訊，都只是我們的自以
為是 / 岳陽著 . -- 第一版 . -- 臺北市：崧燁文化
事業有限公司 , 2021.11
　　面；　　公分
POD 版
ISBN 978-986-516-902-2(平裝)
1. 溝通 2. 人際傳播 3. 人際關係
177.1　　　110017303

雙向溝通：沒有回饋的資訊，都只是我們的自以為是

臉書

作　　　者：岳陽

編　　　輯：柯馨婷

發 行 人：黃振庭

出 版 者：崧燁文化事業有限公司

發 行 者：崧燁文化事業有限公司

E - m a i l：sonbookservice@gmail.com

粉 絲 頁：https://www.facebook.com/sonbookss/

網　　　址：https://sonbook.net/

地　　　址：台北市中正區重慶南路一段六十一號八樓 815 室

Rm. 815, 8F., No.61, Sec. 1, Chongqing S. Rd., Zhongzheng Dist., Taipei City 100, Taiwan (R.O.C)

電　　　話：(02)2370-3310　　　傳　　　真：(02) 2388-1990

印　　　刷：京峯彩色印刷有限公司 (京峰數位)

定　　　價：320 元

發行日期：2021 年 11 月第一版

◎本書以 POD 印製